话偏有旁说

刘克升 著

②
动作卷

人民东方出版传媒
People's Oriental Publishing & Media
东方出版社
The Oriental Press

图书在版编目（CIP）数据

偏旁有话说 . 动作卷 / 刘克升著 . —北京：东方出版社，2024.10
ISBN 978-7-5207-3610-7

I. ①偏… II. ①刘… III. ①偏旁—儿童读物 IV. ① H122-49

中国国家版本馆CIP数据核字（2023）第163728号

偏旁有话说：动作卷
（PIANPANG YOUHUASHUO: DONGZUO JUAN）

| 作　　者：刘克升
| 策　　划：王莉莉
| 责任编辑：赵　琳　张　伟
| 产品经理：赵　琳
| 出　　版：东方出版社
| 发　　行：人民东方出版传媒有限公司
| 地　　址：北京市东城区朝阳门内大街166号
| 邮　　编：100010
| 印　　刷：北京联兴盛业印刷股份有限公司
| 版　　次：2024年10月第1版
| 印　　次：2024年10月第1次印刷
| 印　　数：1—5000
| 开　　本：660毫米 × 960毫米　1/16
| 印　　张：12.75
| 字　　数：116千字
| 书　　号：ISBN 978-7-5207-3610-7
| 定　　价：210.00元（全六册）
| 发行电话：（010）85924663　85924644　85924641

版权所有，违者必究
如有印装质量问题，我社负责调换，请拨打电话：（010）85924602　85924603

目 录

立字旁 ○ 001

单耳旁 ○ 006

比字旁 ○ 012

从字旁 ○ 017

北字旁 ○ 022

化字旁 ○ 027

名帖赏析 ○ 032

见字旁 ○ 033

艮字旁 ○ 038

至字旁 ○ 043

八字旁 ○ 048

名帖赏析 ○ 054

分字旁 ○ 055

半字旁 ○ 060

尚字旁 ○ 065

入字旁 ○ 070

反文旁 ○ 074

名帖赏析 ○ 079

折文旁 ○ 080

父字旁 ○ 085

弄字底 ○ 090

秃宝盖 ○ 094

名帖赏析 ○ 098

包字头 ○ 099

国字框 ○ 104

韦字旁 ○ 109

行字旁 ○ 115

双人旁 ○ 120

步字旁 ○ 125

登字头 ○ 129

走字旁 ○ 133

名帖赏析 ○ 139

走之旁 ○ 140

建之旁 ○ 146

无字旁 ○ 150

卜字旁 ○ 155

名帖赏析 ○ 160

占字旁 ○ 161

言字旁 ○ 166

日字旁 ○ 171

欠字旁 ○ 175

旡字旁 ○ 180

示字旁 ○ 184

戈字旁 ○ 189

生字旁 ○ 194

立字旁

我是立字旁。
我长这个样子：

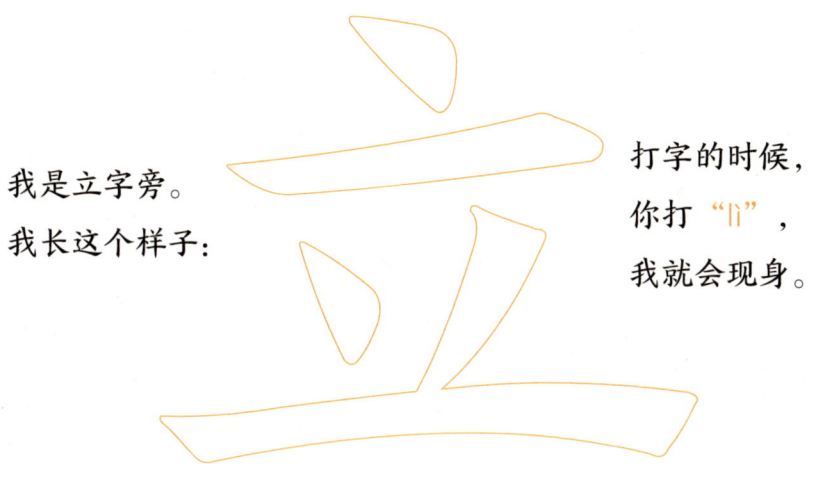

打字的时候，
你打"li"，
我就会现身。

我的祖先很酷。它们长这个样子：

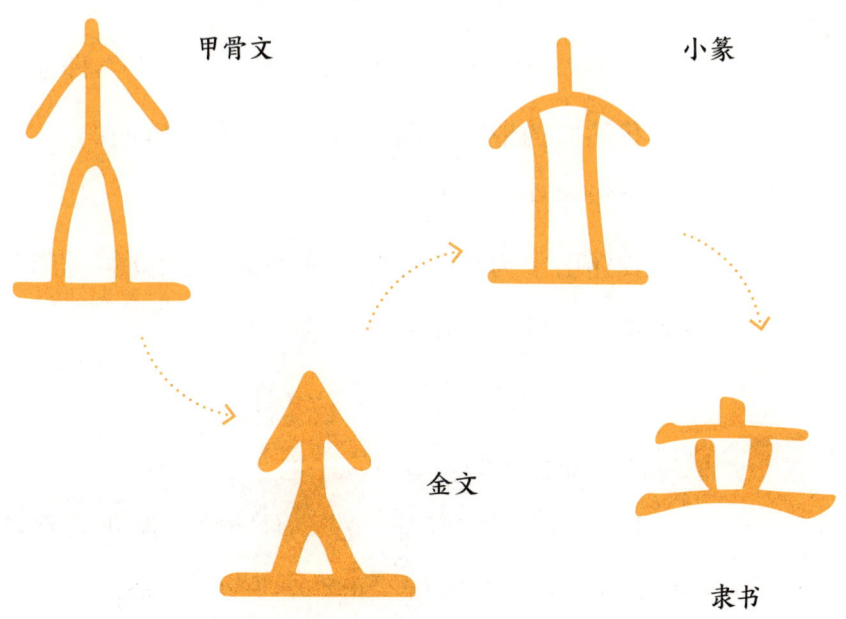

甲骨文　小篆　金文　隶书

你看我的甲骨文祖先,像不像一个人站在地上的形状?

后来,人头和两臂是不是慢慢演变成了一点一横?左右两腿是不是演变成了一点一撇?所站之地是不是演变成了一横?

我的故事

我呀,其实就是那个"立"字,最初的意思是站住不动,也就是站立。

《说文解字》里说我"从大,立一之上"。我从属于"大"字一类。"大"即人,"一"即地。

我站立的地方,叫"立场"。态度鲜明的人,立场往往都是坚定的。

我还引申为竖着和竖起来的意思。"立竿见影"和"横眉立目",就都含有这层意思。

孔子说的"三十而立",指的是人到了三十岁,应该知礼而行,自立于世。

我的本职工作就是"立",不"立"就睡不着觉。即使暂(zàn)时躺倒,也会马上"立"起来。

我可以"建立"国家,"确立"路线,也可以"订立"条约,"树立"榜样。

我喜欢"立刻""立即""立马""立时"一类的时态。当您站立片刻的工夫,我已经替您把事情办好了。

我还参与四季轮换,含有开始的意思。"立春""立夏""立秋""立冬",每"立"一次都是一个季节的起始。

古人视"立德、立功、立言"为人生"三不朽(xiǔ)"。我很高兴能够伴随大家,共同追求永恒的价值。

"花开不并百花丛,独立疏篱趣未穷。"(出自宋·郑思肖《画菊》)

"丈夫五十功未立,提刀独立顾八荒。"(出自宋·陆游《金错刀行》)

很多古诗词里都有我的身影。

我来造字

我们这个家族的汉字,主要和站立有关。

我通常待在我朋友的左边,有时候也跑到其他位置。

因为我是以"立"字的身份做偏旁,所以大家都叫我"立字旁"。

小篆

站

隶书

我遇到"占"字,
就变成了"站"字。

火车进站。站岗放哨。

小篆

竦

隶书

遇到"束"字,
就变成了"竦"字。

水何澹澹(dàn),山岛竦(sǒng)
峙(zhì)。

小篆

竣

隶书

遇到"峻"字,移掉大山,
就变成了"竣"字。

工程竣工,退伏休息。

小篆

垃

隶书

遇到"土"字,
就变成了"垃"字。

玩玻璃球,堆坷(kē)垃(la)墙。小小八个字,当中有奇妙。

小篆

靖

隶书

遇到"青"字,
就变成了"靖"字。

绥(suí)靖(jìng)是安抚平定。靖难是平定变乱。

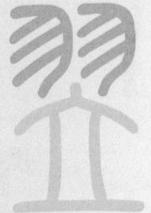

小篆

翌

隶书

遇到"羽"字,
就变成了"翌(yì)"字。

翌日再审,明日再说。

单耳旁

我是单耳旁。
我长这个样子：

打字的时候，
你打"jié"，
我就会现身。

我的祖先很酷。它们长这个样子：

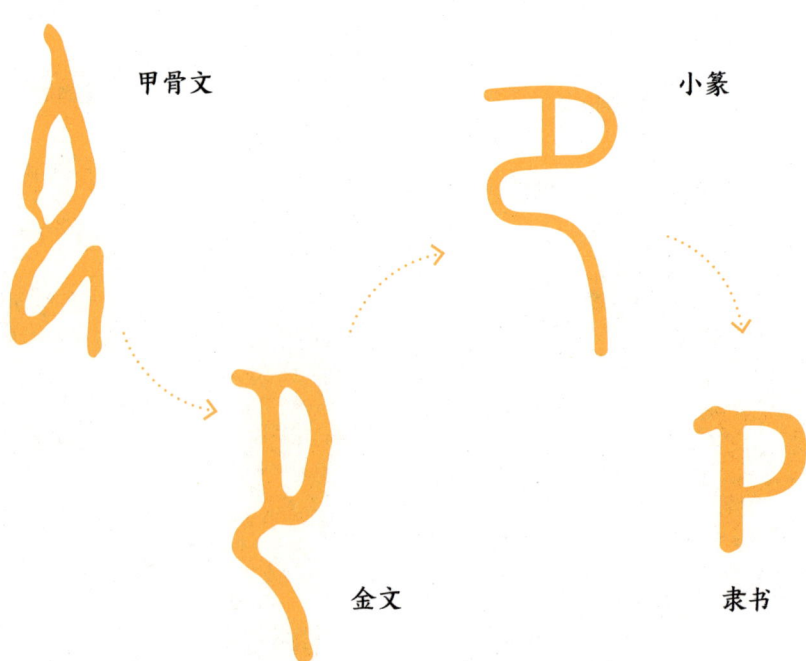

甲骨文

小篆

金文

隶书

你看我的甲骨文祖先,像不像一个人垂臂屈膝(xī),跪坐在那里?

到了我这一辈,人身是不是最终演变成了一个横折钩?手臂是不是演变成了一竖?

我的故事

我呀,其实就是那个"卩(jié)"字,最初的意思是跪坐。

我和双耳旁(阝)长得非常相似。我由一个横折钩和一竖组成。它由一个横撇弯钩和一竖组成。

古人通常是席地而坐。他们习惯于双膝着席,臀(tún)部坐在脚后跟上,上身挺立,两腿并拢,双手自然垂放于腿。这种坐姿,就是"跪坐"。

我和"跪拜"都含有跪的意思。只是我侧重于挺身坐立,它侧重于俯首叩(kòu)拜。叩拜的时候,通常会低头至地。

我和"跽(jì)"字意思特别相近。我们都是上身挺直,双膝着地,臀接脚跟,属于长跪一类的坐姿。它身上那个"心"字，本来是个"止"字，表示脚的意思。演变成"心"字以后，就有了心有所想的意思。"跽"字的意思也随之丰富起来。虽然还是跪坐，但是变成了起身站立的前奏姿势，侧重于表示跪坐者心有所想，意欲有所动作。

古时候，我和"卩（jié）""节"二字通用，由跪坐又引申出下跪听令和符节凭信等意思。

"城上胡笳（jiā）奏，山边汉节归。"（出自唐·杜甫《秦州杂诗二十首》）

"低枝均雨露，直节惯风霜。"（出自元·王冕《水竹》）

这些古诗词里的"节"字，让我感到非常亲切，同时跟着沾染了一番诗意。

我来造字

我们这个家族的汉字，主要和跪坐有关，和符节有关。

我通常待在我朋友的右边，有时候也跑到其他位置。

因为我看起来好像人耳朵，而且是单个，不像双耳旁那样有左右一对，所以大家都叫我"**单耳旁**"。

小篆

却

隶书

我遇到"去"字,
就变成了"却"字。

敌人退却了,我们胜利了。

小篆

叩

隶书

遇到"口"字,
就变成了"叩"字。

有吏夜叩门。清晨叩齿三百下。
"叩"原本是"敂"的异体字,
现在以"叩"为正体字。

小篆

卸

隶书

遇到"午"字和"止"字,
就变成了"卸(xiè)"字。

船到码头要卸货。卸磨杀驴驴
不同意。

小篆

印

隶书

遇到"爪"字,抓住我不放,就变成了"印"字。

黄昏的沙滩上,留下脚印两对半。

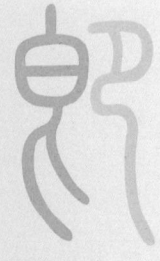

小篆

即

隶书

遇到"艮(gèn)"字,挤掉它一撇,就变成了"即(jí)"字。

可望而不可即的梦想实现了。

小篆

令

隶书

遇到"亼(jí)"字,就变成了"令"字。

"令"即是令。令(líng)狐先生拿着鸡毛当令(lìng)箭,买了五令(lǐng)白报纸。

小篆

隶书

遇到"亼"字和"口"字，就变成了"命"字。

征西大将军奉命出征。

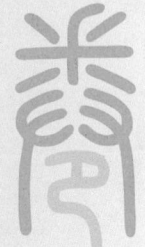

小篆

隶书

遇到"夫"字，头戴两朵花，就变成了"卷"字。

开卷（juàn）有益。卷（juǎn）起千堆雪。

比字旁

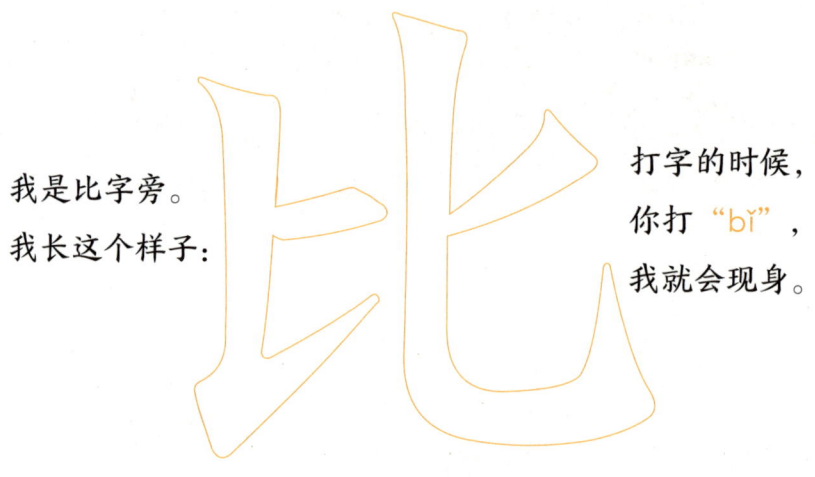

我是比字旁。
我长这个样子：

打字的时候，你打"bǐ"，我就会现身。

我的祖先很酷。它们长这个样子：

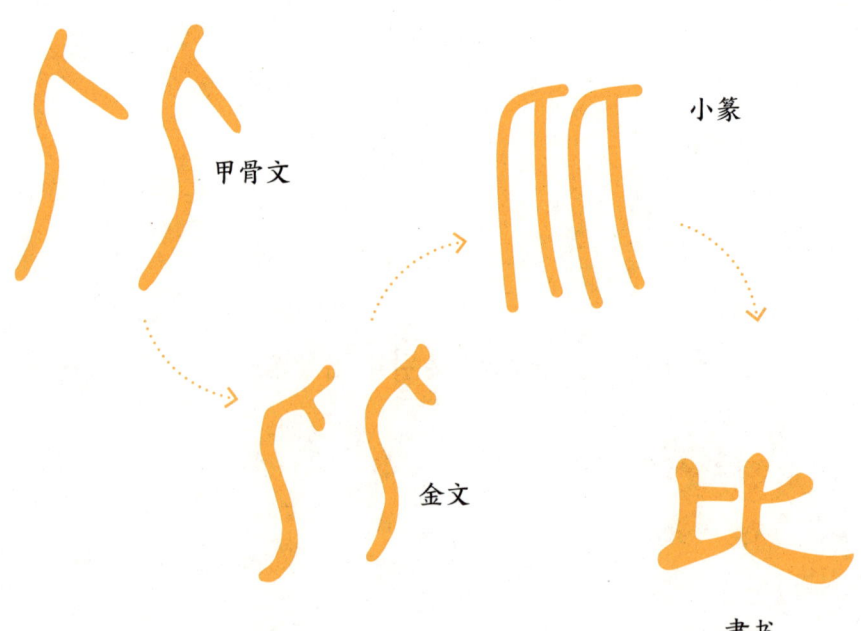

甲骨文

金文

小篆

隶书

你看我的甲骨文祖先，像不像两个人并肩而立的形状？

后来，是不是慢慢演变成了一横、一个竖提和一撇、一个竖弯钩？

我的故事

我呀，其实就是那个"比"字，最初的意思是靠近、挨着。

《说文解字》里说："二人为从，反从为比。"我的甲骨文祖先和"从"字的甲骨文祖先，最早都是由两个人形组成。我的甲骨文祖先，身上那两个人形都是脸朝右。它的甲骨文祖先，身上那两个人形都是脸朝左。古人真有智慧，将同样的事物一正一反，就造出了两个不同的汉字。

我是两个人并肩而立，两人之间的距离很近。比较两种事物的时候，也需要放在一起，挨得近才好比较。我由此又引申出比较、比方和比赛等意思。

我的本职工作就是"比"，不"比"就不痛快。

我喜欢"比邻而居"，喜欢"比肩接踵（zhǒng）"，喜欢"比比皆是"。

我还喜欢"将心比心"，喜欢"打个比方"，喜欢"比个高低"。

我有时候会跑到一些音译词里，体验一下做"比丘尼"、穿"比基尼"和吃"比萨饼"的感觉。

我跑到鱼身上，就变成了"比目鱼"，两个眼睛长在头部一侧。

跑到鸟身上，就变成了"比翼鸟"，两个翅膀靠在一起，比翼双飞。

我祝愿大家都"寿比南山不老松"，一年更比一年好。

"生女犹得嫁比邻，生男埋没随百草。"（出自唐·杜甫《兵车行》）

"欲把西湖比西子，淡妆浓抹总相宜。"（出自宋·苏轼《饮湖上初晴后雨》）

很多古诗词里都有我的身影。

我来造字

我们这个家族的汉字，主要和靠近有关，和比较有关。

我通常待在我朋友的右边或者头上，有时候也跑到其他位置。

因为我是以"比"字的身份做偏旁，所以大家都叫我"**比字旁**"。

小篆

毗
隶书

我遇到"田"字,
就变成了"毗(pí)"字。

"毗连"的近义词是"毗邻"。

小篆

秕
隶书

遇到"禾"字,
就变成了"秕(bǐ)"字。

秕子是瘪(biě)粒种子。

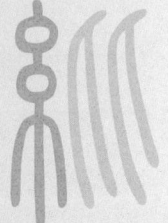

小篆

纰
隶书

遇到绞丝旁(纟),
就变成了"纰(pī)"字。

行事周密,毫无纰漏。

小篆

毖

隶书

遇到"必"字,
就变成了"毖(bì)"字。

惩(chéng)前毖后,治病救人。

小篆

昆

隶书

遇到"日"字,
就变成了"昆"字。

昆虫种类众多。

小篆

蓖

隶书

遇到草字头(艹)和"囟(xìn)"字,就变成了"蓖(bì)"字。

蓖麻子形似吸饱血的牛蜱(bī)虱(shī),种皮斑斑驳驳似有麻点。

从字旁

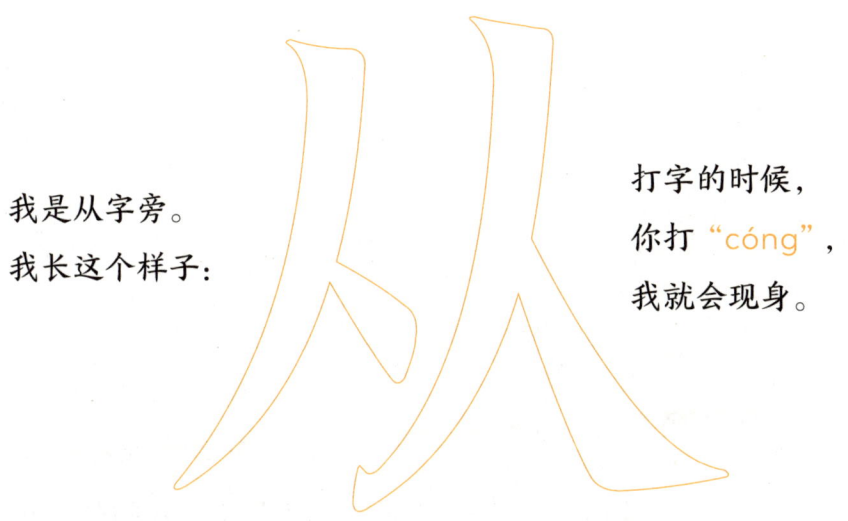

我是从字旁。
我长这个样子：

打字的时候，
你打"cóng"，
我就会现身。

我的祖先很酷。它们长这个样子：

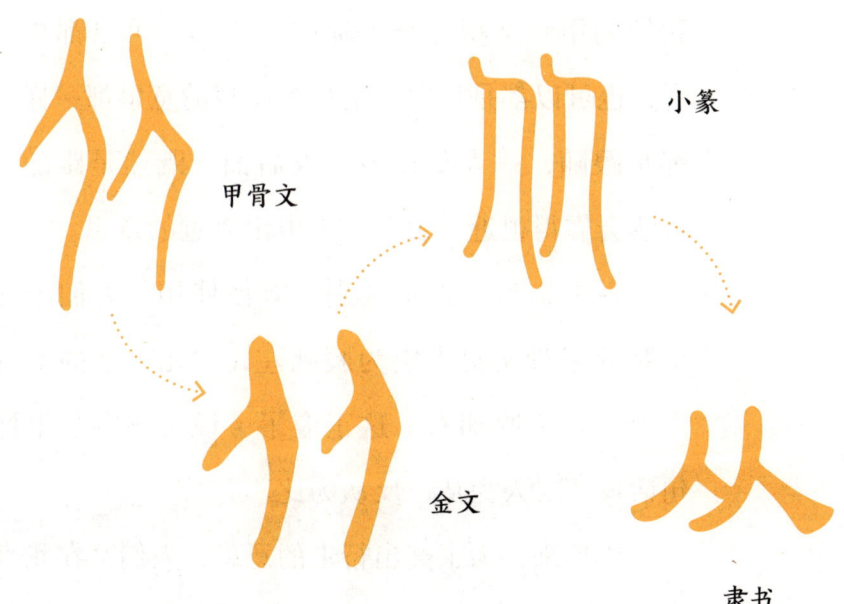

甲骨文

小篆

金文

隶书

你看我的甲骨文祖先,像不像一前一后,两人相随?后来,是不是慢慢演变成了两个"人"字?

我的故事

我呀,其实就是那个"从"字,最初的意思是跟随。

也有人说,我和"比"字其实是同源之字。我们的甲骨文祖先身上那两个人形,可以都是正写,也可以都是反写。正写和反写的意思都一样,都是跟随,一人跟在另一人后面。既然是跟随,自然会靠得很近,由此又引申出靠近的意思。

后来,为了以示区别,方便使用,人们干脆将我的甲骨文祖先定为脸朝左,"比"字的甲骨文祖先定为脸朝右。这正应了《说文解字》里那句话:"二人为从,反从为比。"

再后来,为了突出行走的意思,人们又在我身上增加一个"辵(chuò)"字,另造一个"從(cóng)"

字,代替我来表达我原来的意思。

汉字简化的时候,"從"字又去掉"辵"字,恢复成我本来的面貌。

我是一人在前,一人在后。后面之人听从前面之人的意见,服从前面之人的引领,跟从前面之人前行。我因而又引申为听从和服从等意思。

我的本职工作就是"从",不"从"就不高兴。

我喜欢做别人的"随从",喜欢"言听计从",喜欢"从军而行"。

我还喜欢"从容不迫",喜欢"从弱到强",喜欢"一切从简"。

古时候,我是听命于"正品"官员的"副品"官员。"从一品"就是副一品,"从二品"就是副二品。

任何时候,我都是"从犯",不是"主犯"。

我想讲个"从前"的故事:"从前慢……车,马,邮件,都很慢……"

"十五从军征,八十始得归。"(出自汉·佚名《古诗十九首·十五从军征》)

"日月每从肩上过,山河长在掌中看。"[出自唐·李忱(chén)《百丈山》]

很多古诗词里都有我的身影。

我来造字

我们这个家族的汉字,主要和跟随有关。

我通常待在我朋友的头上,有时候也跑到其他位置。

因为我是以"从"字的身份做偏旁,所以大家都叫我"从字旁"。

小篆

丛

隶书

我遇到一横,
就变成了"丛"字。

树木丛生,百草丰茂。
"丛"是"叢"的简化字。

小篆

纵

隶书

遇到绞丝旁(纟),
就变成了"纵"字。

道人去后松桥断,纵有花开隔水看。
"纵"是"縱"的简化字。

小篆

枞

隶书

遇到"木"字,
就变成了"枞"字。

安徽有个枞(zōng)阳县。
枞(cōng)树又叫"冷杉"。

小篆

怂

隶书

遇到"心"字,
就变成了"怂"字。

"怂(sǒng)恿(yǒng)"
的同义词是"鼓动"。
"怂"是"慫"的简化字。

小篆

耸

隶书

遇到"耳"字,
就变成了"耸(sǒng)"字。

高耸入云。

北字旁

我是北字旁。
我长这个样子：

打字的时候，
你打"běi"，
我就会现身。

我的祖先很酷。它们长这个样子：

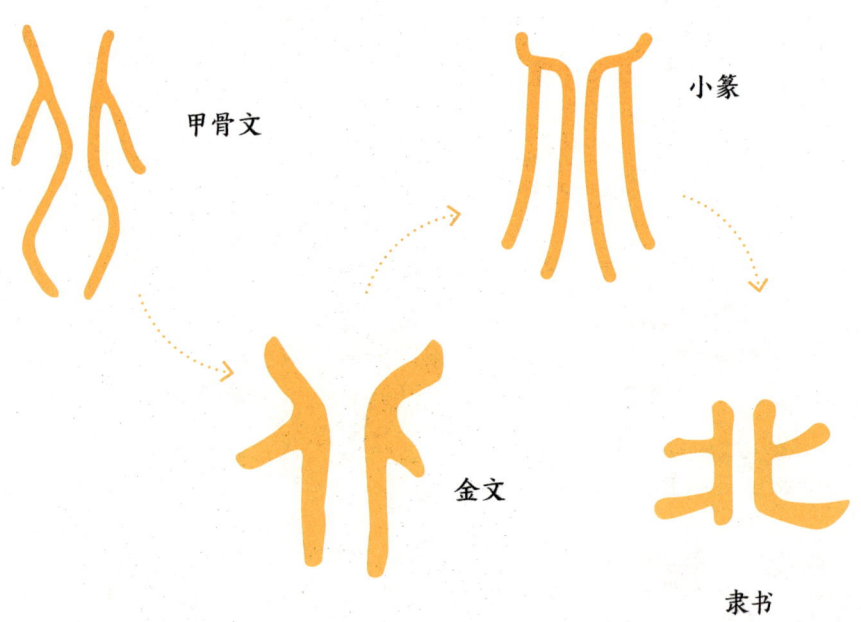

甲骨文

小篆

金文

隶书

你看我的甲骨文祖先,像不像两个人背对背的形状?

后来,是不是慢慢演变成了一竖一横、一提和一撇、一个竖弯钩?

我的故事

我呀,其实就是那个"北"字,最初的意思是两人以背相对,也就是背对。

最早的时候,我的读音为"bèi"。两人以背相对,相对的自然是背部。我因而还含有背部的意思。

双方背离的时候,必定会以背相对。我由此又引申为背离、背叛和违背等意思。"反北之心"就含有这层意思。

万物通常是背阴而向阳。人类经常借用我的名号,将面向太阳时背部所对的那一面称为"北"。与之相对的,则是"南"。此时,我的读音变成了"běi"。

当我被假借为方位名词，广泛用来借指"南北"的"北"以后，人们又另造一个"背"字，代替我来表达背部和违背这两层意思。

因为打了败仗要背对敌人而逃，所以我还引申为败走的意思，进而又引申为败逃者。"三战三北"和"追亡逐北"，就分别含有上述意思。

古人认为我国的地势西北高、东南低，向北和向南进发因此有"北上南下"之称。日常也都以北面为上位，南面为下位。房屋的朝向是坐北朝南，皇帝的座位也是坐北朝南。

我的本职工作就是"北"，不"北"就找不到方向。

我喜欢"北半球"，喜欢"北冰洋"，喜欢"北国风光"。

我还喜欢登"北山"，喜欢看"北斗星"，喜欢听"北风呼啸"。

我不是在北方，就是在去北方的路上。

我到了北方，还要向北方的北方进发。

"青山横北郭，白水绕东城。"（出自唐·李白《送友人》）

"木落雁南度，北风江上寒。"（出自唐·孟浩然《早寒江上有怀》）

很多古诗词里都有我的身影。

我来造字

我们这个家族的汉字,主要和北方有关,和背部有关。

我通常待在我朋友的头上,有时候也跑到其他位置。

因为我是以"北"字的身份做偏旁,所以大家都叫我"北字旁"。

小篆

冀
隶书

我遇到"田"字和"共"字,就变成了"冀(jì)"字。

河北省简称"冀"。冀州为古代九州之一。

小篆

背
隶书

遇到肉月旁(月),就变成了"背"字。

背(bēi)包袱。背(bèi)道而驰。

小篆

邶

隶书

遇到右耳旁（阝），
就变成了"邶（bèi）"字。

邶国位于朝歌城以北，是周朝的一个诸侯国。

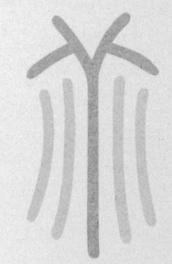

小篆

乖

隶书

遇到"千"字，
就变成了"乖"字。

性格乖(guāi)戾(lì)，行为乖巧。

化字旁

我是化字旁。
我长这个样子：

打字的时候，
你打"huà"，
我就会现身。

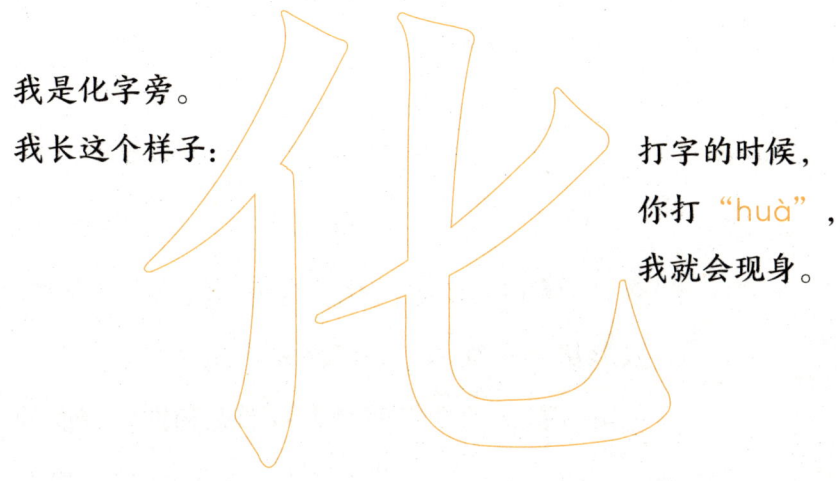

我的祖先很酷。它们长这个样子：

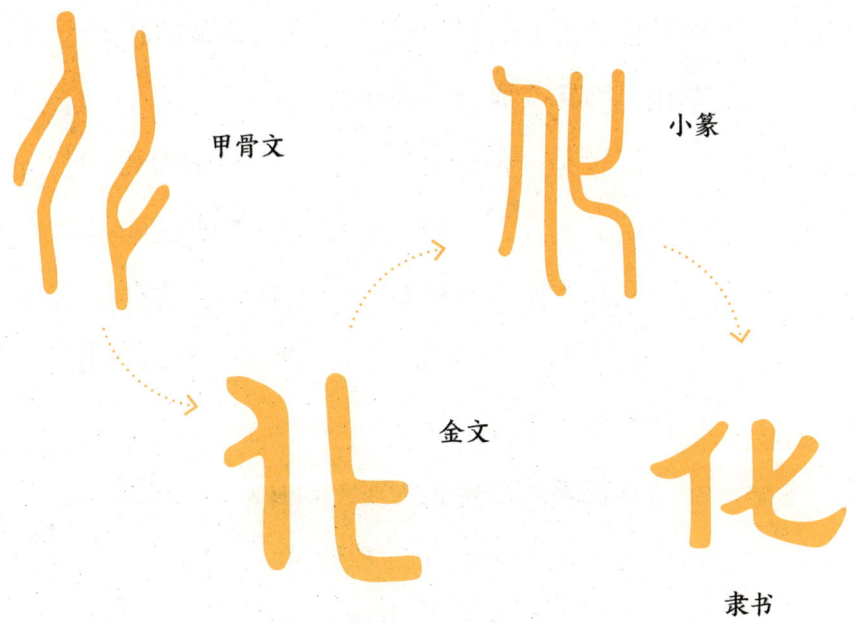

甲骨文

小篆

金文

隶书

你看我的甲骨文祖先,像不像一正一倒两个人?

后来,是不是慢慢演变成了一个单人旁和一撇、一个竖弯钩?

我的故事

我呀,其实就是那个"化"字,最初的意思是变化。人形从正立到倒立,自然是发生了变化。

我可以跟在动词后面,表示形态和性质方面的变化,比如"融化"和"腐化";也可以表示思想和行动方面的转变,比如"感化"和"教化"。

我还可以跟在名词和形容词后面,表示转变成某种状态。"机械化"即转变成机械的状态。"简单化"即转变成简单的状态。

死也是一种变化。和尚端坐,成佛而死,叫"坐化"。道士升天,成仙而死,叫"羽化"。

我的本职工作就是"化",不"化"就没有活力。

我喜欢"绿化荒山",喜欢"美化环境",喜欢"净化空气"。

我还喜欢"化整为零",喜欢"化险为夷",喜欢"化腐朽(xiǔ)为神奇"。

我天天都在研究"变化之道",天天都在"因时而化",天天都在"千变万化"。

有时候,我也学庄周梦中化蝶,"栩栩(xǔ)然蝴蝶也"。

化来化去,不知是我化别人呢,还是别人化我?

"酒入愁肠,化作相思泪。"(出自宋·范仲淹《苏幕遮·怀旧》)

"落红不是无情物,化作春泥更护花。"[出自清·龚自珍《己亥杂诗(其五)》]

很多古诗词里都有我的身影。

我来造字

我们这个家族的汉字,主要和变化有关。

我通常待在我朋友的右边,有时候也跑到其他位置。

因为我是以"化"字的身份做偏旁,所以大家都叫我"化字旁"。

小篆

讹

隶书

我遇到言字旁(讠),
就变成了"讹(é)"字。

以讹传讹。

小篆

囮

隶书

遇到国字框（囗），
就变成了"囮（é）"字。

囮子也叫"鸟媒"，是捕鸟时的诱鸟。

小篆

华

隶书

遇到"十"字，
就变成了"华"字。

桃之夭夭（yāo），灼灼其华（huā）。
多情应笑我，早生华（huá）发。
"华"是"華"的简化字。

小篆

货

隶书

遇到"贝"字,
就变成了"货"字。

学成文武艺,货与帝王家。

小篆

靴

隶书

遇到"革"字,
就变成了"靴(xuē)"字。

野史里说,杨贵妃曾为李白磨墨,
高力士曾为李白脱靴。
"靴"原本是"鞾"的异体字,
现在以"靴"为正体字。

选自蔡襄书《谢赐御书诗表》

孔子春秋法片言襃貶賢
愚分考經內省莫骸稱但思
至理書諸紳
乾坤大施入洪化將圖報効
無緣因誓心顒竭謨謀義

名帖赏析

蔡襄（xiāng），字君谟（mó），北宋名臣，"苏、黄、米、蔡"（苏东坡、黄庭坚、米芾、蔡襄）"宋四家"之一。宋仁宗深爱其书，曾御书其字"君谟"赐之。蔡襄遂撰表文，作七绝一首献上，以谢皇恩，此即《谢赐御书诗表》。此作以楷书写就，恪守晋唐法度，结构严谨，行笔稳健，匀净而工致。

见字旁

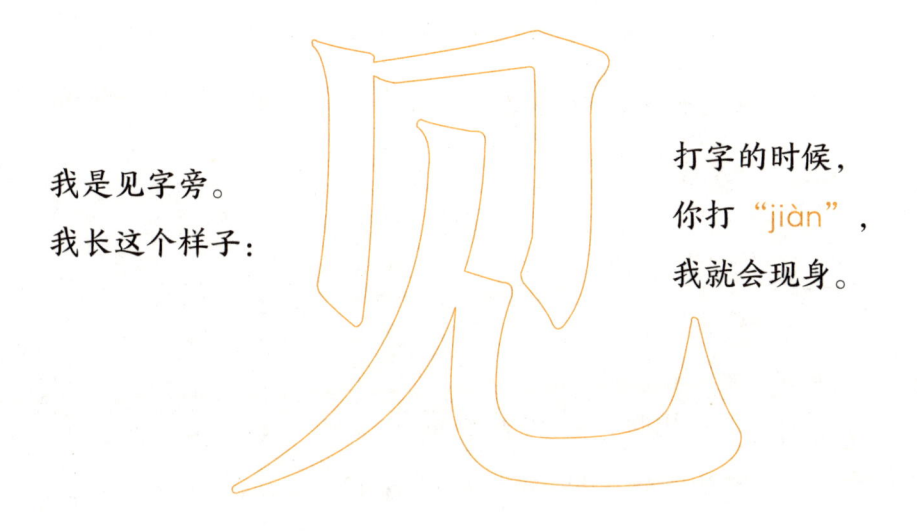

我是见字旁。
我长这个样子：

打字的时候，
你打"jiàn"，
我就会现身。

我的祖先很酷。它们长这个样子：

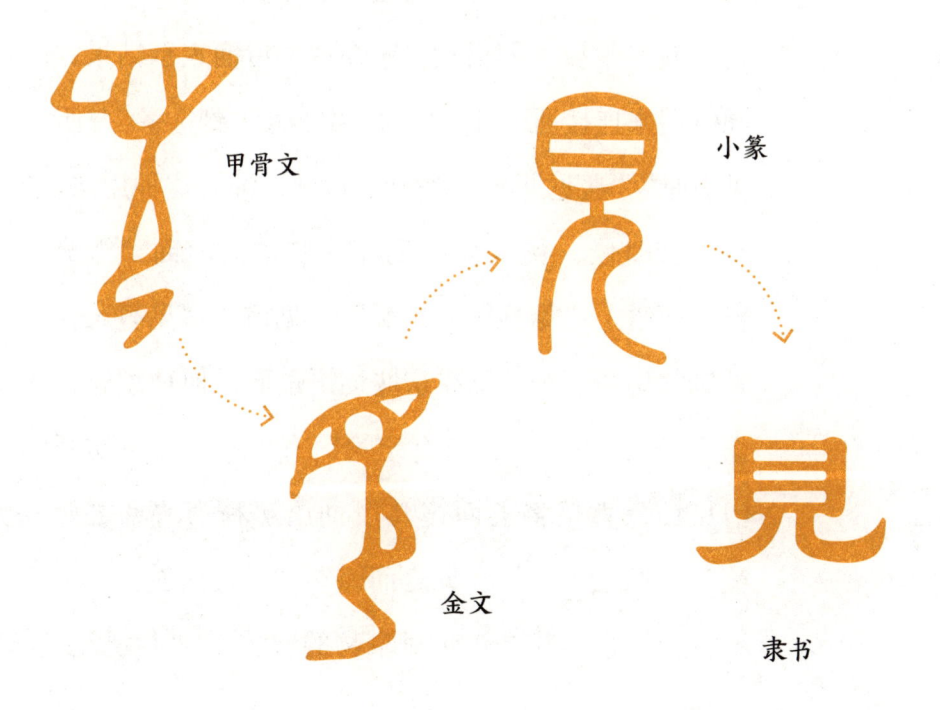

甲骨文

金文

小篆

隶书

你看我的甲骨文祖先,像不像一个人睁大眼睛凝视的形状?小篆祖先的眼睛,是不是直接演变成了一个"目"字?

到了我这一辈,是不是最终演变成了一竖、一个横折和一撇、一个竖弯钩?

我的故事

我呀,其实就是那个"見"字,是"見"的简化写法,最初的意思是看到。

我是看的结果。看只是一个动作。看了之后,可能是"看见",也可能是"看不见"。

我经常被人们借用,跟在动词后面表示结果,同时用来连接所"见"之物,相当于"到"字。"听见虎吼""遇见朋友""梦见鬼神",都是这种用法。

有时候,我也会出现在一些动词前面,组成新的词语。"见笑""见疑""见谅""见教",是最常见的几个。我在这些词语里面是何种意思,众说纷纭(yún),未有定论。有人认为,不妨开门见山,直接将上面这几个词语解释为"见之而笑""见之而疑""见之而谅""见之而教"。

人们也用我来表示对事物的看法。"固执己见"

就是这种用法。

我还有一个读音为"xiàn"。读这个读音的时候，相当于"现"字，意思是显现和出现。"图穷匕见"和"见龙在田"，就都含有这层意思。

我的本职工作就是"见"，"视而不见"不是我的风格。都说"道不可见，见而非也"，我偏偏连"道"也想见一见。

我的优点是"见多识广"和"见微知著（zhù）"。

我喜欢"见贤思齐"，也喜欢"见不贤而内自省（xǐng）"。

"采菊东篱下，悠然见南山。"[出自晋·陶渊明《饮酒（其五）》]

"烟开虹半见，月冷鹤（hè）双栖。"（出自唐·白居易《和李相公留守题漕上新桥六韵》）

很多古诗词里都有我的身影。

我来造字

我们这个家族的汉字，主要和眼睛有关，和看见有关。

我通常待在我朋友的右边，有时候也跑到其他位置。

因为我是以"见"字的身份做偏旁，所以大家都叫我"见字旁"。

觀

小篆

观

隶书

我遇到"又"字，
就变成了"观"字。

白云观（guàn）里观（guān）
白云。
"观"是"觀"的简化字。

覺

小篆

觉

隶书

遇到两点一撇和一个秃宝盖
（冖），就变成了"觉"字。

一觉(jiào)醒来，顿觉(jué)寒冷。
"觉"是"覺"的简化字。

小篆

覲
隶书

遇到"堇（jǐn）"字，
就变成了"覲（jìn）"字。

大臣觐见皇帝，信徒朝觐圣地。

小篆

覷
隶书

遇到"虚"字，
就变成了"覷（qù）"字。

躲在一边偷觑，看见他们面面相觑。

小篆

覦
隶书

遇到"俞（yú）"字，
就变成了"覦"字。

觊（jì）觎（yú）之心，非分之想。

艮字旁

我是艮字旁。
我长这个样子：

打字的时候，
你打"gèn"，
我就会现身。

我的祖先很酷。它们长这个样子：

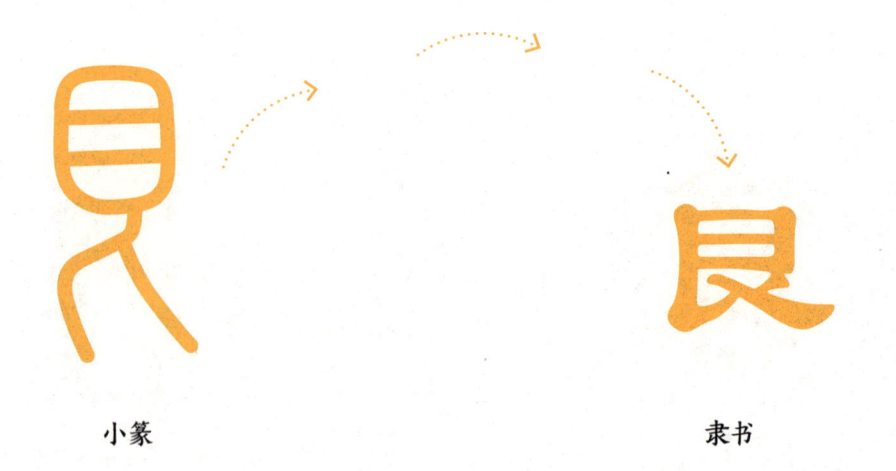

小篆　　　　　　　　隶书

你看我的小篆祖先，是不是由一个"目"字和一个人形组成？像不像一个人扭头瞪视的形状？

后来，是不是演变成了一个横折、两横、一个竖提和一撇一捺？

我的故事

我呀，其实就是那个"艮"字，最初的意思是扭头瞪视。

我和"见"字之间有一定的渊（yuān）源。我们的小篆祖先，都是由一个"目"字和一个人形组成。而且，都是"目"字在上，人形在下。不同的是：它的小篆祖先，眼睛是向前凝视；我的小篆祖先，眼睛是向后瞪视。

人在扭头瞪视的时候，会停下脚步，眼光定止。我由此又引申为停止、静止和限止等意思。

古代"八卦"，指的是乾（qián）、坤（kūn）、震、巽（xùn）、坎（kǎn）、离、艮、兑（duì）。它们分别对应着天、地、雷、风、水、火、山、泽。

我是"八卦"中的艮卦，卦象是兼山，也就是两山重叠。山是静止的，能阻挡前进的步伐。我本身就含有停止、静止和限止等意思，因而用我来命名此卦。

我所处的方位为东北。艮山就是因为位于杭州城东北而得名。

我还有一个读音为"gěn"。读这个读音的时候，是地方方言，意思是食物嚼（jiáo）起来不脆生。

"易以艮为山，辞以艮为止。"（出自宋·释心月《行者德山改名德止》）

"兼山曰艮，德在知止。"（出自宋·宋度宗《艮卦赞》）

很多古诗词里都有我的身影。

我来造字

我们这个家族的汉字，主要和瞪视有关，和停止、限止有关。

我通常待在我朋友的右边，有时候也跑到其他位置。

因为我是以"艮"字的身份做偏旁，所以大家都叫我"艮字旁"。

小篆

眼
隶书

我遇到"目"字,
就变成了"眼"字。

眼前现出一眼井。

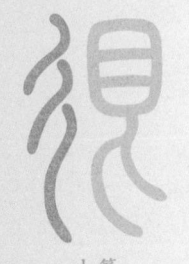

遇到双人旁（彳），
就变成了"很"字。

《史记·项羽本纪》里说："猛如虎,很如羊,贪如狼,强(jiàng)不可使者,皆斩之。""很"字最初的意思是违逆、不听从,后来才演变为程度副词,用在"很好""很喜欢"等词语当中。羊这种动物的本性就是违逆、不听从,越牵越不走,因而有"很如羊"之说。

小篆

很
隶书

小篆

限

隶书

遇到左耳旁（阝），
就变成了"限"字。

低眉信手续续弹，说尽心中无限事。

小篆

垠

隶书

遇到"土"字，
就变成了"垠（yín）"字。

一望无垠，无边无际。

小篆

恳

隶书

遇到"心"字，
就变成了"恳"字。

入则恳恳以尽忠，出则谦谦以自悔。
"恳"是"懇"的简化字。

至字旁

我是至字旁。
我长这个样子：

打字的时候，
你打"zhi"，
我就会现身。

我的祖先很酷。它们长这个样子：

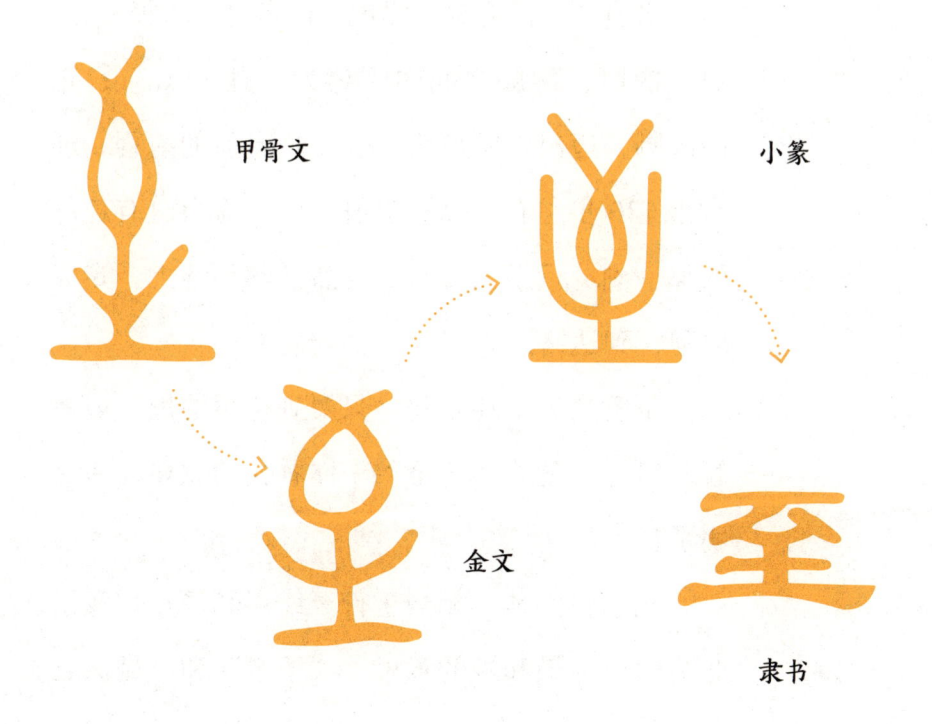

甲骨文

小篆

金文

至

隶书

你看我的甲骨文祖先，像不像一支箭落到地上的形状？下面那一横，是不是代表地面？

到了我这一辈，是不是最终演变成了一横、一个撇折、一点和一个"土"字？

我的故事

我呀，其实就是那个"至"字，最初的意思是箭落到地上，也就是到达。

《说文解字》里说我是"鸟飞从高下至地"。我倒不觉得自己像鸟，明明是箭嘛！

古有"一箭之地"之说。行走时，两脚相并，迈一次脚，两脚之间的距离为一跬（kuǐ）；迈两次脚，迈出的距离为一步。一支箭的射程，通常是130步左右。每支箭射出后，箭力总有耗尽的那一刻。行至力竭时，自然会落到地上，走完射程，到达终点。

不管是人，还是物，只要到达目的地，或者触及目标，就算是"至"。你看我的意思，多么明了！

到达目的地，相当于行至终点和极点。我由此又引申为最和极的意思。"至亲"和"糊涂之至"，就都含有这层意思。

后来，人们在我右边增加一个人形，另造一个表示人至意思的汉字（𢒉）。这个汉字里面的人形，随后讹（é）变成立刀旁（刂）。整个汉字也随之演变成了形声字，也就是"到"字。

现在，由我和"到"字共同来表达到达这层意思。我身上的古典意味浓一些。它身上的口语意味重一些。

我喜欢"关怀备至"，喜欢"至理名言"，喜欢"至高无上"，喜欢"至死不渝（yú）"，喜欢"至今不忘"。

很多人都以"水至清则无鱼"为例，劝我不要太"至"。

我也时常反思自己："至于吗？至于这样吗？"

"人言人有愿，愿至天必成。"（出自唐·白居易《长相思》）

"时有落花至，远随流水香。"[出自唐·刘昚（shèn）虚《阙（quē）题》]

很多古诗词里都有我的身影。

我来造字

我们这个家族的汉字，主要和到达有关。

我通常待在我朋友的左边或者右边，有时候也跑到其他位置。

因为我是以"至"字的身份做偏旁，所以大家都叫我"至字旁"。

小篆

致

隶书

我遇到反文旁（攵），
就变成了"致"字。

格物致知，推究万物，获得真知。

小篆

郅

隶书

遇到右耳旁（阝），
就变成了"郅（zhì）"字。

秦汉古县郁郅，在今甘肃庆阳。"郅"是"至"的通假字。郅治为大治，郅隆（lóng）为兴隆。

小篆

桎
隶书

遇到"木"字,
就变成了"桎"字。

桎(zhì)梏(gù)即脚镣和手铐。

小篆

臻
隶书

遇到"秦"字,
就变成了"臻(zhēn)"字。

"臻"的意思是达到。
日臻完美,渐臻佳境。

小篆

室
隶书

遇到宝盖儿(宀),
就变成了"室"字。

古有"登堂入室"之说,堂在室前,房在室侧。两房一室,并排而立。

八字旁

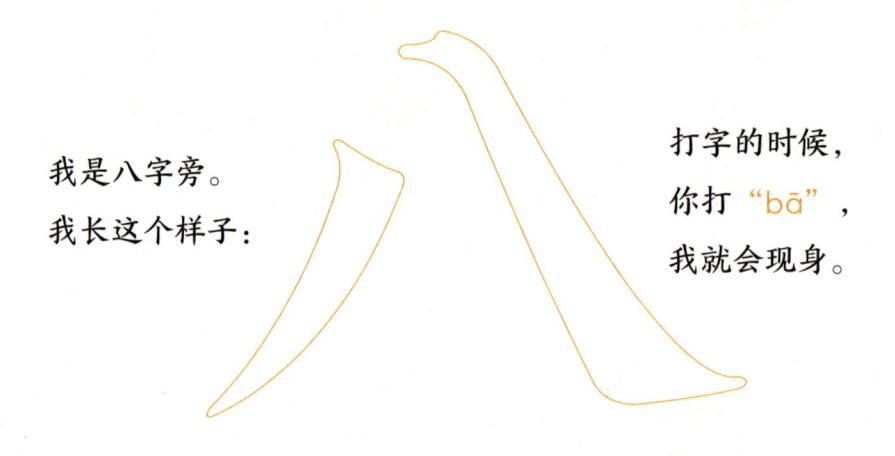

我是八字旁。
我长这个样子：

打字的时候，你打"bā"，我就会现身。

我的祖先很酷。它们长这个样子：

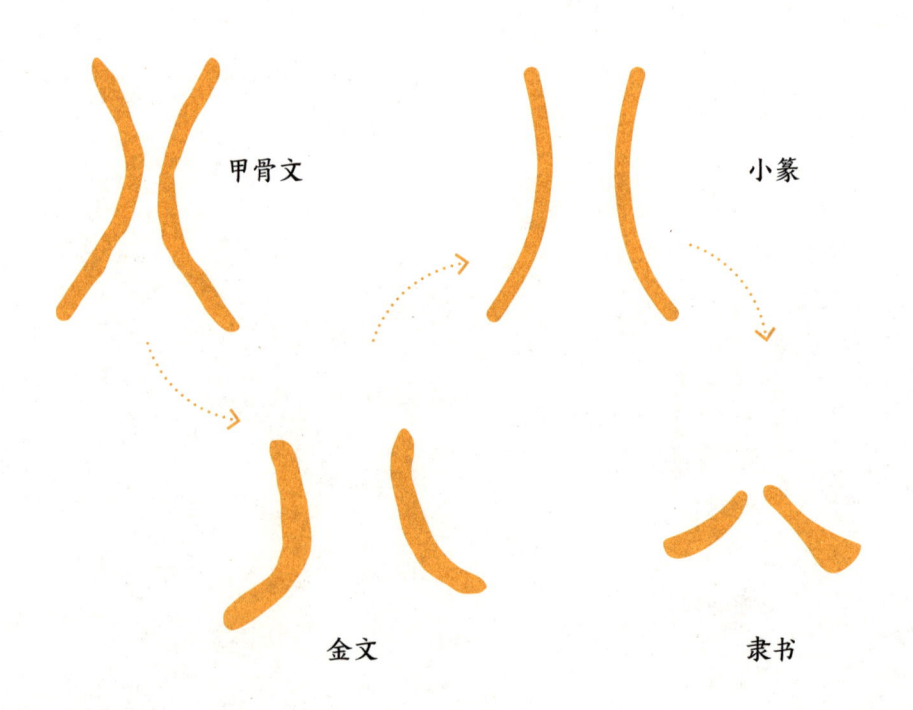

甲骨文

小篆

金文

隶书

你看我的甲骨文祖先，是不是两画相背？像不像将物品分开的形状？

后来，是不是慢慢演变成了一撇一捺？

我的故事

我呀，其实就是那个"八"字，最初的意思是分开。

我形象简洁，特征鲜明，人们常用我来做比喻。"八字眉"，是说一个人的双眉像我。"八字胡"，是说一个人的胡须像我。

古人时常将我假借为数词，用来表示数目或者顺序。久而久之，我变成了专用数词，人们另造一个"分"字，代替我来表达分开这层意思。

我的大写形式是"捌（bā）"，可以防止账目造假。

我和"发财"的"发"，互为谐（xié）音。人们认为我是一个吉利的数字，视"888"为"发发发"。

每个人出生的年、月、日、时，各配以"天干"和"地支"，共有八个字，称为"生辰八字"。比如"戊（wù）子、丙辰、己卯（mǎo）、庚（gēng）午"，就是一个人的生辰八字。他是戊子年、丙辰月、己卯日、庚午时所生。

我希望大家都能"八仙过海，各显其能"。"八字还没一撇"的事，最好理清了眉目再去做。"八九不离十"的事，尽可放开手脚，大胆去做。平时不求"八面威风"和"八面玲珑"，但求一方有难时，都能"八方支援"。

"八月湖浸（jìn）天，扬帆入秋色。"（出自唐·李群玉《送郑子宽弃官东游便归女几》）

"笋（sǔn）抽八九尺，荷生三四枝。"（出自宋·司马光《首夏二章呈诸邻》）

很多古诗词里都有我的身影。

我来造字

我们这个家族的汉字，主要和分开有关。

我通常待在我朋友的头上，有时候也跑到其他位置。偶尔也会化身为"倒八字"（ˇ），在它们身上练倒立。

因为我是以"八"字的身份做偏旁，所以大家都叫我"八字旁"。

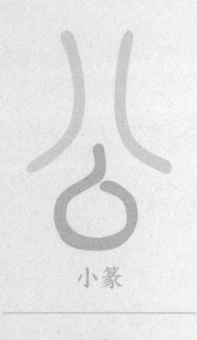

小篆

公
隶书

我遇到私字旁（厶），
就变成了"公"字。

天下为公。

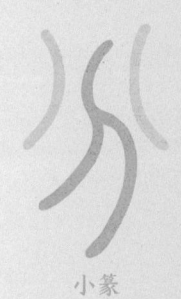

小篆

分
隶书

遇到"刀"字，
就变成了"分"字。

春分秋分，昼（zhòu）夜均分。

小篆

平
隶书

遇到两横一竖，跑到它腰间，
就变成了"平"字。

平均分开。

半
小篆

半
隶书

遇到两横一竖，跑到它头上，就变成了"半"字。

半个月亮爬上来。

兮
小篆

兮
隶书

遇到"丂（kǎo）"字，就变成了"兮（xī）"字。

巧笑倩（qiàn）兮，美目盼兮。"兮"是语气助词，相当于"啊"。

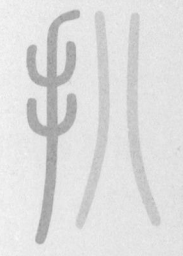

扒
小篆

扒
隶书

遇到提手旁（扌），就变成了"扒"字。

扒（bā）开城墙，扒（bā）个豁（huō）口。扒（pá）鸡是炖烂之鸡，熟可脱骨。

叭

小篆

叭

隶书

遇到"口"字，
就变成了"叭（bā）"字。

叭的一声，枪响了。

趴

小篆

趴

隶书

遇到"足"字，
就变成了"趴"字。

赶快趴下。

选自赵孟頫书《洛神赋》

采湍濑之玄芝余情悦兮
榷右蘅桂旗攘皓腕于神
浒兮采湍濑之玄芝余情悦兮
淋美兮心振荡而不怡无良媒
以接欢兮托微波而通辞愿诚
素之先达兮解玉佩而要之嗟
佳人之信修羌习礼而明诗抗琼
瑶以和予兮指潜川而为期执

名帖赏析

赵孟頫（fǔ），宋末元初著名画家、书法家。《洛神赋》是三国时期著名文学家曹植所创作的辞赋名篇。赵孟頫书《洛神赋》为赵孟頫行书代表作，系为其好友盛逸民所书。该帖用笔稳健，结体端正匀称，书风清俊典雅，深得"二王"（王羲之、王献之）神韵。

分字旁

我是分字旁
我长这个样子:

分

打字的时候,
你打"fēn",
我就会现身。

我的祖先很酷。它们长这个样子:

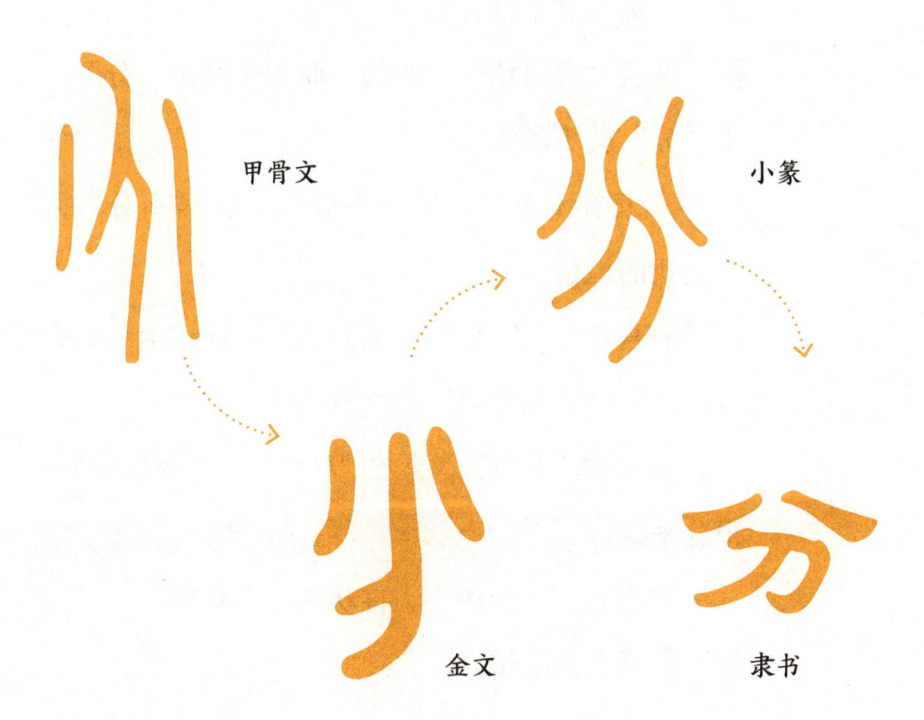

甲骨文

小篆

金文

隶书

> 你看我的甲骨文祖先,像不像用刀将物体切开的形状?
> 后来,是不是慢慢演变成了一个"八"字和一个"刀"字?

我的故事

我呀,其实就是那个"分"字,最初的意思是分开,引申为分割和分别等意思。

我是由"八"字分化而来。"八"字最初的意思也是分开。当它被假借为专用数词以后,古人另外造出我来,代替它来表达分开这层意思。

我还有一个读音为"fèn"。"过分"和"成分",都是这个读音。

我会"分身法"。我的本职工作就是"分",不"分"就不利索。

"五谷不分""黑白不分""香臭不分",不是我的风格。

我喜欢"一分为二",喜欢"泾(jīng)渭(wèi)分明"。"物以群分"合乎自然法则。

我喜欢"春分",喜欢"秋分"。"昼夜均分"很公平。

我喜欢"开分店",喜欢"分工合作"。"分红"的感觉很不错。

我喜欢"分母",喜欢"分子"。"高分"的愿望很美好。

"古时愁别泪,滴作分流水。"(出自唐·司空曙《分流水》)

"功盖三分国,名成八阵图。"(出自唐·杜甫《八阵图》)

很多古诗词里都有我的身影。

我来造字

我们这个家族的汉字,主要和分开有关。

我通常待在我朋友的右边,有时候也跑到其他位置。

因为我是以"分"字的身份做偏旁,所以大家都叫我"分字旁"。

小篆

隶书

我遇到单人旁(亻),就变成了"份"字。

分成两份,一人一份。

小篆

扮
隶书

遇到提手旁（扌），
就变成了"扮"字。

强者扮猪吃虎，弱者扮虎吃猪。

小篆

汾
隶书

遇到三点水（氵），
就变成了"汾（fén）"字。

汾酒产自汾阳杏花村。

小篆

吩
隶书

遇到"口"字,
就变成了"吩(fēn)"字。

听您的吩咐。

小篆

粉
隶书

遇到"米"字,
就变成了"粉"字。

粉墨登场。

小篆

忿
隶书

遇到"心"字,
就变成了"忿(fèn)"字。

忿然作色。

半字旁

我是半字旁。
我长这个样子：

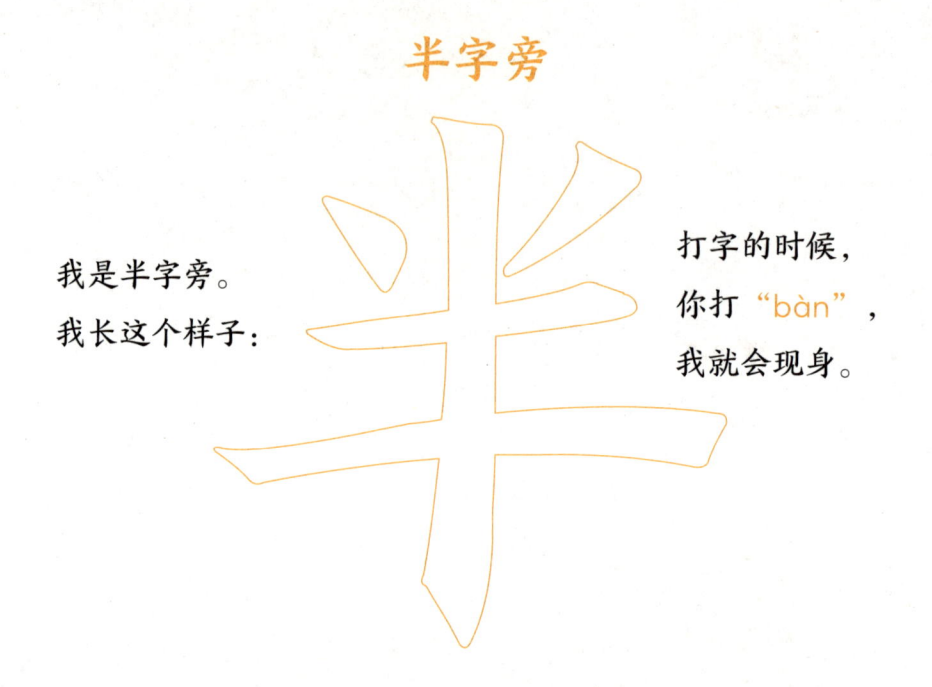

打字的时候，
你打"bàn"，
我就会现身。

我的祖先很酷。它们长这个样子：

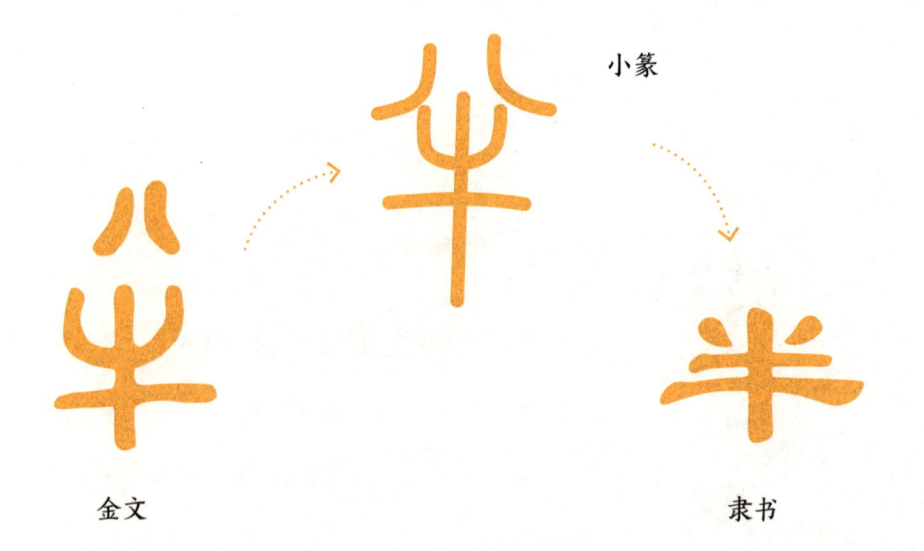

小篆

金文　　　　　　　　　　隶书

你看我的金文祖先，上面是不是"八"字？下面是不是"牛"字？

后来，是不是慢慢演变成了一点一撇和两横一竖？那一点一撇，像不像是一个"倒八字"？

我的故事

我呀，其实就是那个"半"字，最初的意思是将牛分成两片。

《说文解字》里说我是"物中分也"。牛是大物，也是古人经常食用的牲畜。食用时，都是先从正中劈开，分成两片，然后慢慢分解。

"八"字最初的意思是分开。它和"牛"字组合在一起，意思就是将牛从中间分开。分成两片的牛，每一片都是原来的一半。我因而又引申为二分之一的意思。

物体的二分之一，正好处于中间位置。人们常用我来借指时间或者路程的中间。"半夜鸡叫"和"半途而废"，都是这种用法。

二分之一是一半，达不到事物发展的完整程度。我由此又引申为不完全的意思。"半透明"和"半成品",就都含有这层意思。

我本来就不多,仅一半而已。如果是小事物的一半,就会显得更小和更少。"一星半点"和"一鳞(lín)半爪",即是如此。它们分别用来形容极少,或者比喻事物的零星片段。

《庄子》里有句哲言:"一尺之棰(chuí),日取其半,万世不竭。"按照这种取法,昨天取的是木棍的一半,今天取的就是一半的一半,后天取的就是一半的一半的一半。作为一个汉字,我很荣幸能和大家一起见证其中的奥妙。我愿意陪大家一直取下去:一半的一半的一半的一半……

"帘半卷,燕双归。"[出自宋·佚名《阮郎归(春风吹雨绕残枝)》]

"夜来枝半红,雨后洲全绿。"[出自唐·张说《岳阳早霁(jì)南楼》]

很多古诗词里都有我的身影。

我来造字

我们这个家族的汉字,主要和物体中分有关。

我通常待在我朋友的右边,有时候也跑到其他位置。

因为我是以"半"字的身份做偏旁,所以大家都叫我"半字旁"。

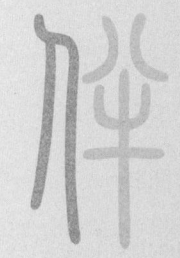

小篆

伴
隶书

我遇到单人旁（亻），
就变成了"伴"字。

青春作伴好还乡。

小篆

判
隶书

遇到立刀旁（刂），
就变成了"判"字。

前后判若两人。

小篆

泮
隶书

遇到三点水（氵），
就变成了"泮（pàn）"字。

辟雍（yōng）是周天子设立的中央大学，形如玉璧，四面环水。泮宫是诸侯设立的地方大学，宫前有个半圆形的泮池，池中种有芹菜。

小篆

拌
隶书

遇到提手旁（扌），
就变成了"拌"字。

有空拌嘴吵架，不如拌个凉菜。

小篆

胖
隶书

遇到"月"字，
就变成了"胖"字。

心广体胖（pán），吃成大胖（pàng）子。

尚字旁

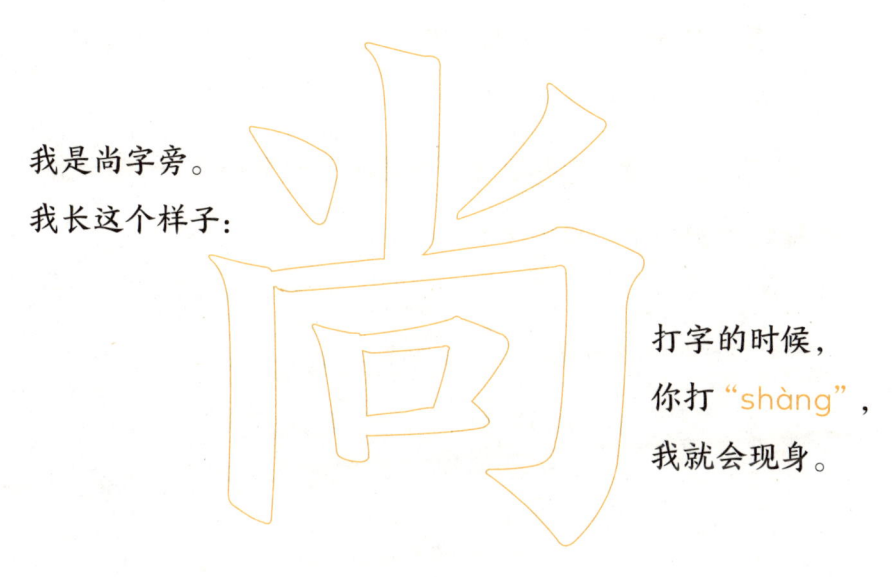

我是尚字旁。
我长这个样子：

打字的时候,
你打 "shàng",
我就会现身。

我的祖先很酷。它们长这个样子：

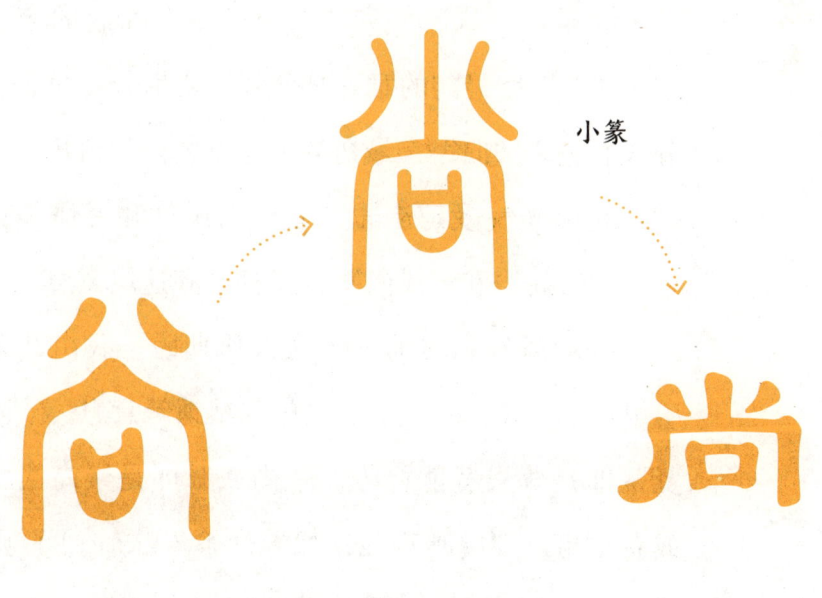

小篆

金文

隶书

你看我的金文祖先,上边是不是"八"字?下边是不是"向"字?

到了我这一辈,是不是最终演变成了一竖一点、一撇一竖、一个横折钩和一个"口"字?

我的故事

我呀,其实就是那个"尚"字,最初的意思是光气漫(màn)延流通,从窗子进入室内。

我是由"八"字和"向"字组合而成的会意字。"八"字最初的意思是分开,表示分光而入、分气而进。"向"字最初的意思是朝阳的窗户。

我由光气漫延流通又引申出风气和习惯等意思。"时尚"和"风尚",就都含有这层意思。

好的风气和习惯,为众人所期盼。我由此又引申出尊崇(chóng)、希望和恭请等意思。"尚贤"即是尊崇贤能之人。"尚武"即是崇尚武术或者军事。"呜呼哀哉,伏惟尚飨(xiǎng)"则是祭文结尾用语,意思是悲痛之至,跪伏在地,恭请被祭者享用祭品。"惟"是句中语气助词，起调谐（xié）音节的作用。

我经常被借用为副词，相当于"还"。"为时尚早"和"尚不可知"，就是这种用法。

我还是"上"字的通假字。《尚书》即是上古之书，相传由春秋末期的孔子根据上古历史文献汇编而成。

战国时期，"尚书"同时也是一种官名，也叫"掌书"，为执掌文书奏章之官。隋唐以来，吏部、户部、礼部、兵部、刑部和工部六个中央行政部门的最高长官，也叫"尚书"。

秦朝时期，还专门设有名为"尚方"的官府机构，负责为皇帝制造御用器物。这个机构制造出来的宝剑，就叫"尚方宝剑"。尚方宝剑是皇帝的御用宝剑，见剑如见皇帝。皇帝将它赐（cì）给谁，谁就拥有了"先斩后奏"的权力。因为此剑快可斩马，所以又称其为"尚方斩马剑"。

"天地英雄气，千秋尚凛（lǐn）然。"（出自唐·刘禹锡《蜀先主庙》）

"相知无远近，万里尚为邻。"（出自唐·张九龄《送韦城李少府》）

很多古诗词里都有我的身影。

我来造字

我们这个家族的汉字,主要和漫延流通有关。

我通常待在我朋友的右边或者头上,有时候也跑到其他位置。

因为我是以"尚"字的身份做偏旁,所以大家都叫我"尚字旁"。

小篆

淌

隶书

我遇到三点水（氵）,
就变成了"淌"字。

河水流淌,四下漫开。

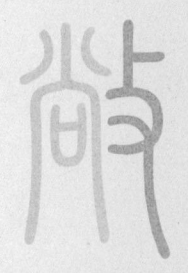

小篆

敞

隶书

遇到反文旁（攵）,
就变成了"敞"字。

敞开窗户,通风进气。

小篆

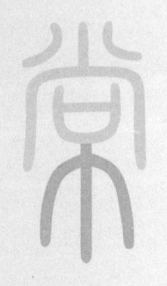

常

隶书

遇到"巾"字,
就变成了"常"字。

"常"即"绿衣黄裳(cháng)"之"裳",最初的意思是下裙,后来才变为"经常"之"常"。寻常一样窗前月,才有梅花便不同。

小篆

堂

隶书

遇到"土"字,
就变成了"堂"字。

殿堂高大雄伟,宽阔明亮。

小篆

掌

隶书

遇到"手"字,
就变成了"掌"字。

手掌展开,阳光照耀五指。

入字旁

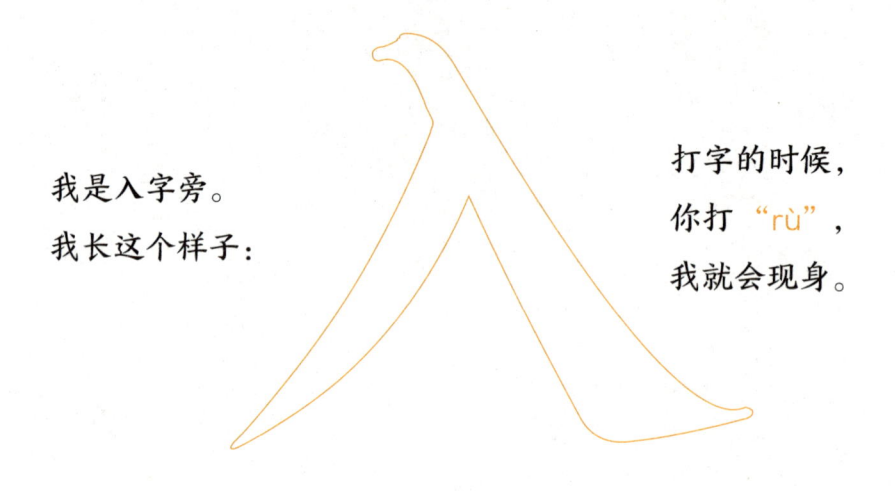

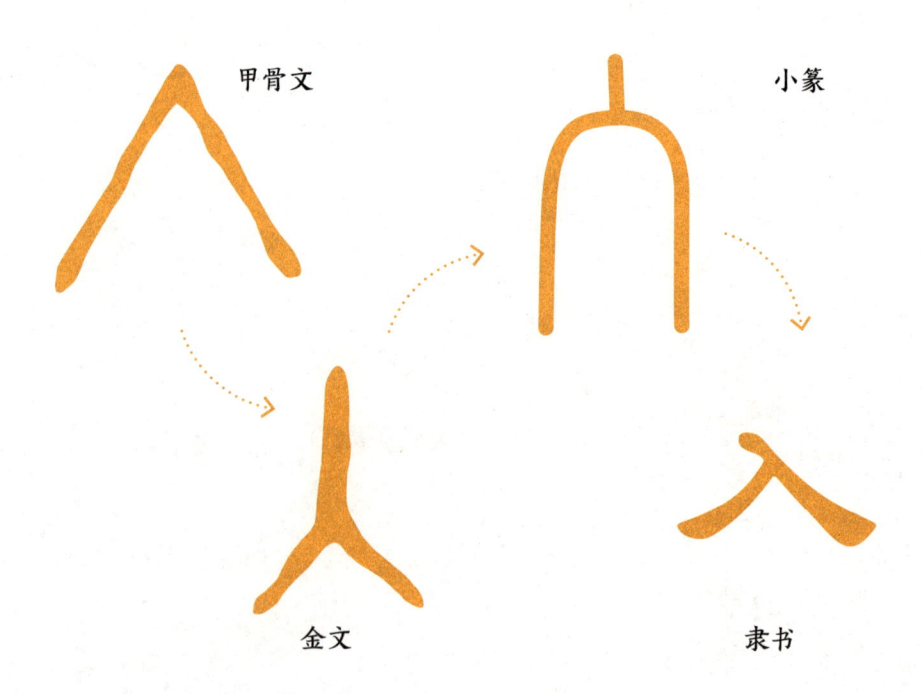

我是入字旁。
我长这个样子：

打字的时候，
你打"rù"，
我就会现身。

我的祖先很酷。它们长这个样子：

甲骨文

小篆

金文

隶书

你看我的甲骨文祖先，像不像箭头之类的尖锐（ruì）器物？金文祖先是不是将尖端延长，整体演变成了木橛（jué）形状？后来，是不是慢慢演变成了一撇一捺？

我的故事

我呀，其实就是那个"人"字，最初的意思是从外到内，由表及里，也就是进入。

箭头和木橛都是人们熟悉的器物。它们相对容易插入、射入，或者揳（xiē）入其他物体。古人因而选取它们作为象形物，造出了我的甲骨文祖先和金文祖先，用它们容易进入的特性，来表达进入的意思。

我和"人"字都是由左撇右捺组成。不同的是，我是左撇短写、右捺出头，它是左撇出头、右捺短写。

我的小篆祖先和宝盖儿的小篆祖先，长得非常相似，都是半个胶囊头上顶着一竖的模样。因为宝盖儿最初的意思是房屋，所以也有人推断说，我的甲骨文祖先可能是模拟房屋入口或者岩洞入口的形状，是以入口的形象，来表达进入的意思。

我可以进入某个空间、某个时段和某种状态，或者加入某种组织。"入场""入夜""入梦""入团"，就分别含有上述意思。

我很佩(pèi)服大禹为了治水"三过家门而不入"的精神，同时也赞赏那些量入为出，精打细算过好自己小日子的人。

我发音短促，还是古代汉语平、上、去、入"四声"之一。

"山月临窗近，天河入户低。"（出自唐·沈佺期《夜宿七盘岭》）

"千峰随雨暗，一径入云斜。"（出自唐·温庭筠《题卢处士山居》）

很多古诗词里都有我的身影。

我来造字

我们这个家族的汉字，主要和进入有关。

我通常待在我朋友的头上，有时候也跑到其他位置。

因为我是以"入"字的身份做偏旁，所以大家都叫我"入字旁"。

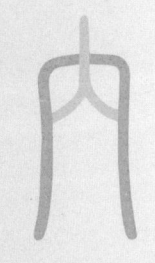

小篆

内
隶书

我遇到同字框（冂），
就变成了"内"字。

屋内有人，请敲门。

小篆

汆
隶书

遇到"水"字，
就变成了"汆（cuān）"字。

汆丸子、汆黄瓜片和汆萝卜丝，
把它们放进沸（fèi）水锅里，
稍微一煮。

小篆

籴
隶书

遇到"米"字，
就变成了"籴（dí）"字。

入米（买进粮食）为籴，出米（卖出粮食）为粜（tiào）。
"籴"是"糴"的简化字，减去笔画烦琐的声旁就是它。

反文旁

我是反文旁。
我长这个样子：

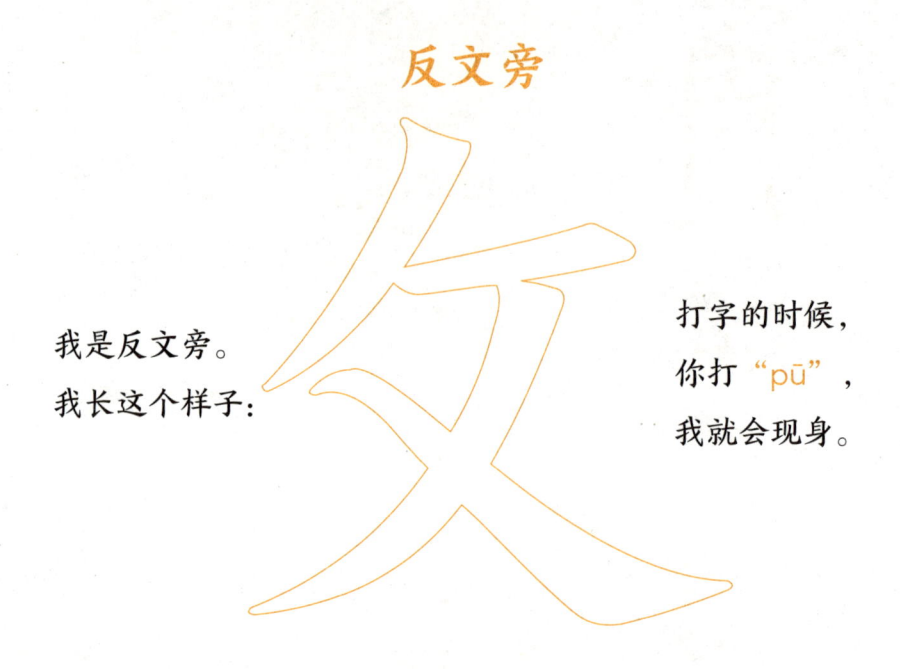

攵

打字的时候，
你打"pū"，
我就会现身。

我的祖先很酷。它们长这个样子：

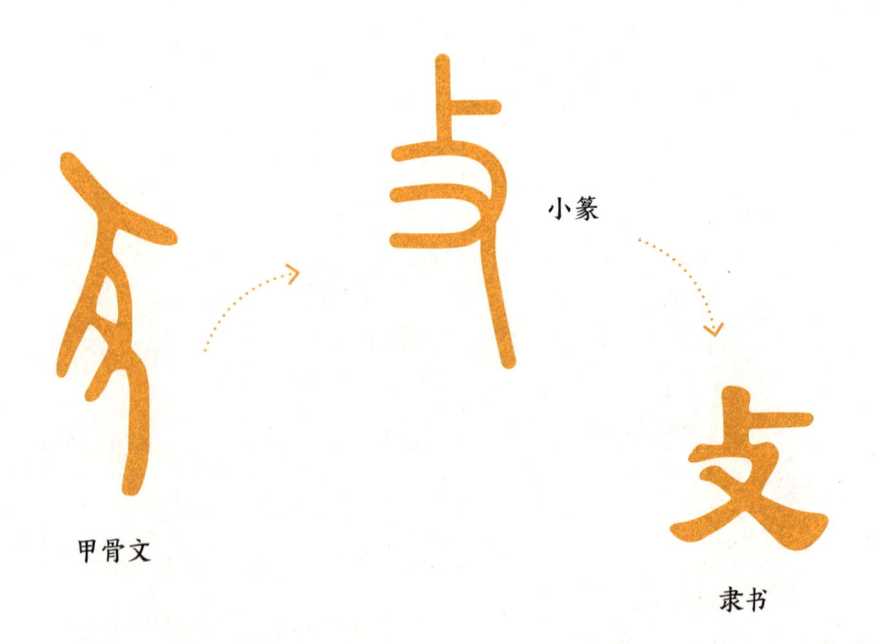

小篆

甲骨文

隶书

你看我的甲骨文祖先，像不像是手里举着带杈的树枝？像不像击打东西的样子？

后来，是不是慢慢演变成了一竖一横和一个"又"字？

到了我这一辈，是不是最终演变成了一撇一横和一撇一捺？

我的故事

我呀，其实就是那个"攴（pū）"字，是它分化出来的写法，最初的意思是持器击打。因为也形似手持器具做事的样子，所以还引申为治事的意思。

当"攴"字做了偏旁以后，人们在它左边增加一个提手旁（扌），另造一个"扑（pū）"字，代替它来表达击打这层意思。这个字也写为"扑"，兼有体罚器具的意思。古有"扑作教刑"之说。作为体罚器具的"扑"，是用荆（jīng）条或者楸木所制，用来责打不遵守教令之人，罚其体以警其心。

我和折文旁（夊）长得特别相似。我们看起来像是孪（luán）生兄弟，一不注意就会把我们认错。

我的笔画是四笔：撇、横、撇和捺。横的右边出头。

它的笔画是三笔：撇、横撇和捺。横的右边不出头。

我力道不大，动作不重，属于轻拍和轻击一类的动作。

我喜欢向人脸上"扑粉"，喜欢"扑蝴蝶"，喜欢"扑打"衣服上的尘土,喜欢"扑向"爸爸妈妈的怀抱。

我喜欢"清风扑面"的感觉,也喜欢"香气扑鼻"的氛围。

假如面临饥饿,我也会"猛虎扑食"。

如果走上战场,我也会"直扑敌人"。

"春风不解禁杨花,濛濛(méng)乱扑行人面。"[出自宋·晏殊《踏莎行(小径红稀)》]

"白雪花繁空扑地,绿丝条弱不胜莺(yīng)。"(出自唐·白居易《乐府·杨柳枝》)

这些古诗词里的"扑"字,让我感到非常亲切,同时跟着沾染了一番诗意。

我来造字

我们这个家族的汉字,主要和扑打有关,和治事有关。

我总是待在我朋友的右边。

因为我长得像"文"字反写,所以大家都叫我"**反文旁**"或者"**反文**"。

有人说,我怎么看不出你像"文"字反写呀?

嗯,是很难看出来。这都是"文"字反写的时候,发生了笔画拈(niān)连和变形所致。

别着急,你再好好看看。如果将"文"字上面的点和点右边的半道横拈连起来,写成一撇,然后再将整个"文"字左右反转,是不是就变成了我?

我遇到竖提和一竖，
就变成了"收"字。

孙悟空收服妖精。将军收复失地。农民收获果实。小鸟收拢翅膀。我们收心写作业。

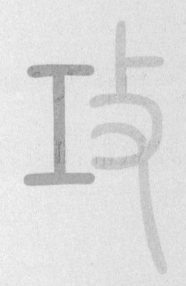

小篆

收

隶书

遇到"工"字，
就变成了"攻"字。

攻城略地。攻读医学书籍。

小篆

攻

隶书

遇到"牛"字，
就变成了"牧"字。

牧童唱着牧歌，赶着羊群走来。

小篆

牧

隶书

小篆

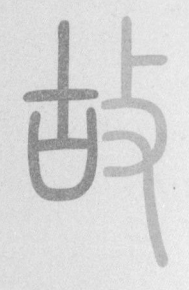

故

隶书

遇到"古"字,
就变成了"故"字。

讲个故事,说个典故。

小篆

教

隶书

遇到"孝"字,
就变成了"教"字。

教（jiào）师在教（jiào）室里教（jiāo）课。

选自米芾书《苕溪诗》

> 壑源茶主席多同好群峰伴不群朝来遂窥簡便起故篥以诗谷载酒不辍而余以度每约至 余居半歲

名帖赏析

米芾（fú），北宋四大家（苏东坡、黄庭坚、米芾、蔡襄）之一，集古出新，尤擅行书。《苕溪诗》，全称为《将之苕溪戏作呈诸友诗卷》，共6首，是米芾38岁将去苕溪（今浙江湖州）时所作。该帖因势生形，多见欹（qī）侧之姿，浓纤兼出，笔丝连贯，与《蜀素帖》并称米书"双璧"。

折文旁

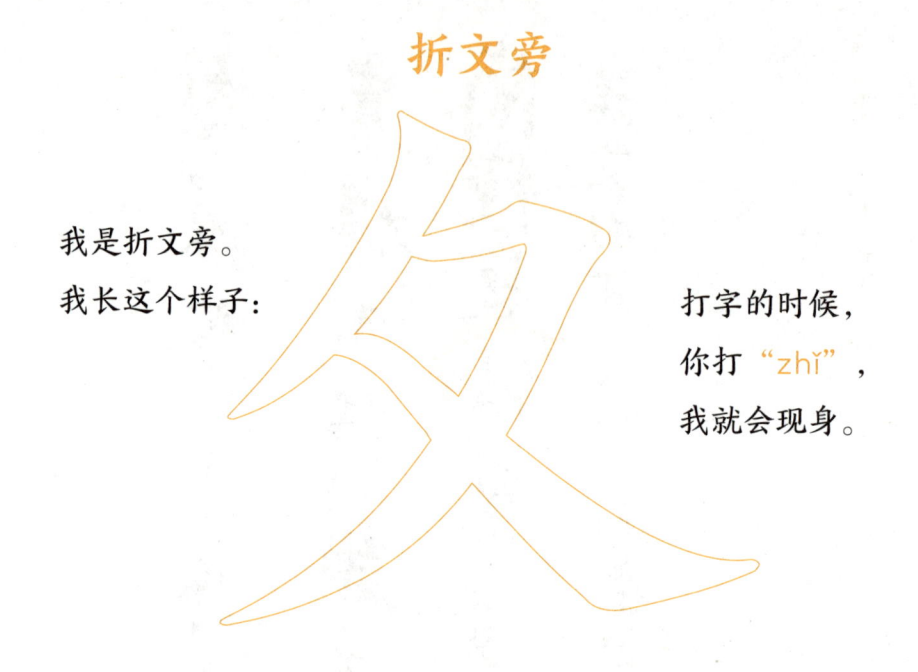

我是折文旁。
我长这个样子：

夂

打字的时候，
你打 "zhǐ"，
我就会现身。

我的祖先很酷。它们长这个样子：

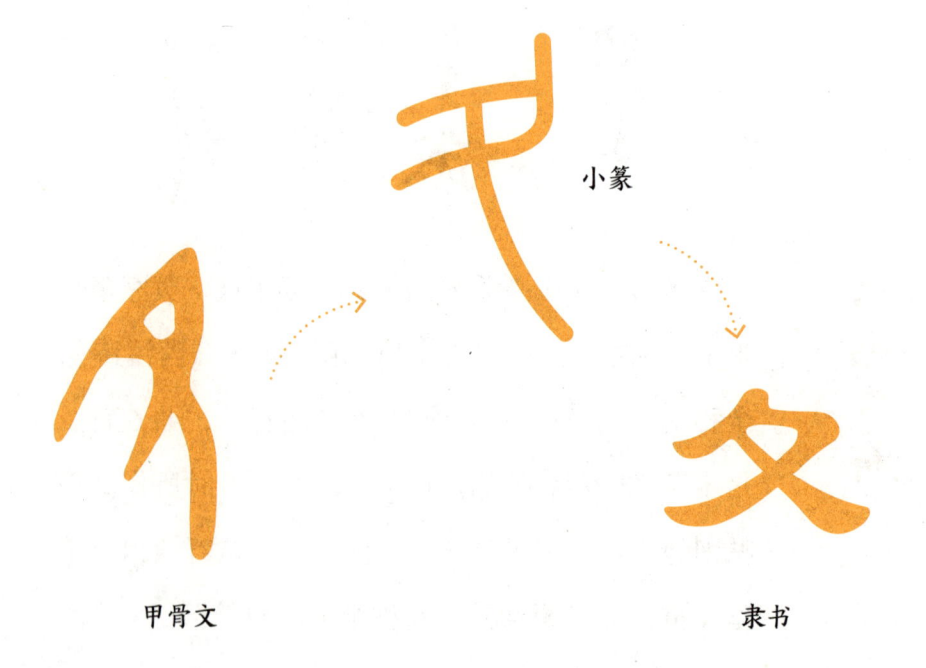

小篆

甲骨文　　　　　　　　　　　　隶书

你看我的甲骨文祖先，像不像脚趾向下，迎面而来的一只脚？

后来，是不是慢慢演变成了一撇、一个横撇和一捺？

我的故事

我呀，其实就是那个"夂（zhǐ）"字，最初的意思是迎面而来的脚，引申为到来的意思。

我和反文旁（攵）长得很像。我的笔画有三笔：撇、横撇和捺。它的笔画是四笔：撇、横、撇和捺。

我有个好朋友叫"夊（suī）"。它的笔画和我一样，也是三笔：撇、横撇和捺。不同的是，它是撇捺相交，捺出头；我是撇捺相连，捺不出头。

《说文解字》里说它是"行迟曳（yè）夊夊"，"象人两胫（jìng）有所躧（xǐ）也"。它身上那两个笔画——撇和横撇，像是人的两条小腿。再加上那一捺，看起来像是两条小腿上有所拖曳（yè）的样子，通常用它来形容行走迟缓。"雄狐夊夊"，即"雄狐绥绥（suí）"，是说雄狐缓缓而行。我喜欢蹲在我朋友的头上看风景。"夊"字喜欢卧在它朋友的脚下当垫脚石。后来，它干脆变成了我的模样，由我代替它来做偏旁。

"出门复入门，雨脚但如旧。"（出自唐·杜甫《九日寄岑参》）

"浮云在脚底，千里在眼边。"[出自宋·陆游《登邛（qióng）州谯（qiáo）门》]

这些古诗词里的"脚"字，让我感到非常亲切，同时跟着沾染了一番诗意。

我来造字

我们这个家族的汉字，主要和脚有关。

我通常待在我朋友的头上或者脚下，有时候也跑到其他位置。

因为我长得很像反文旁（夂），而且第二笔是横撇连笔，整体折向左下方，所以大家都叫我"折文旁"或者"折文"。

小篆

冬 隶书

我遇到两点，
就变成了"冬"字。

日月之行，有冬有夏。

小篆

各
隶书

遇到"口"字,
就变成了"各"字。

各行各业,各有不同。

小篆

务
隶书

遇到"力"字,
就变成了"务"字。

外出务工务必要勤劳。
"务"是"務"的简化字。

小篆

麦
隶书

遇到两横一竖和另外一横,
就变成了"麦"字。

麦子是外来的谷物。

小篆

复

隶书

遇到一撇一横和一个"日"字,
就变成了"复"字。

往复进出洞穴。复方口服液。
"复"是"復"和"複"的简化字。
汉字简化的时候,"復""複"
二字合并简化成"复"字。

小篆

夏

隶书

遇到一横一撇和一个"目"字,
就变成了"夏"字。

禹建夏朝。夏天很热。

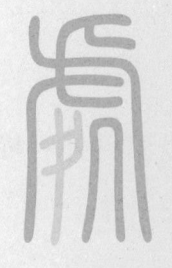

小篆

处

隶书

遇到"卜"字,
就变成了"处"字。

处处闻啼鸟。
"处"是"處"的简化字。

父字旁

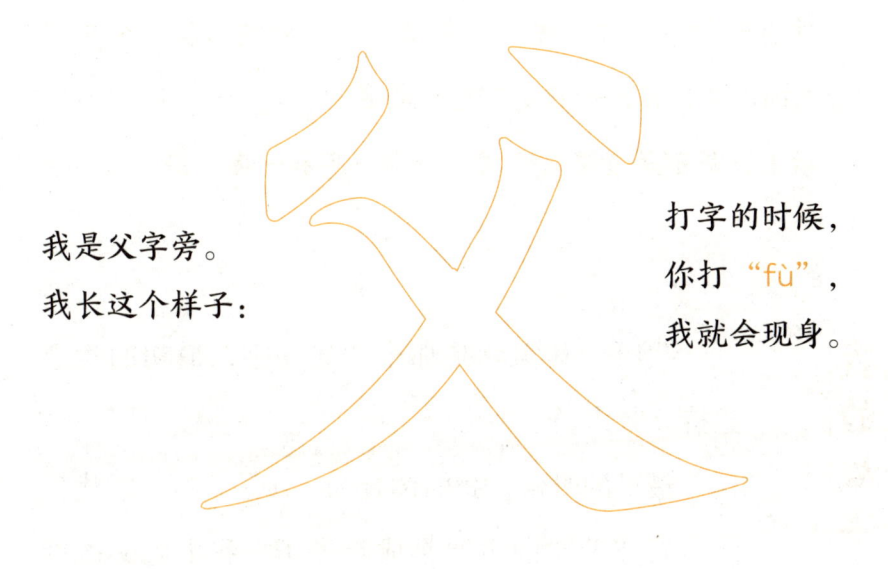

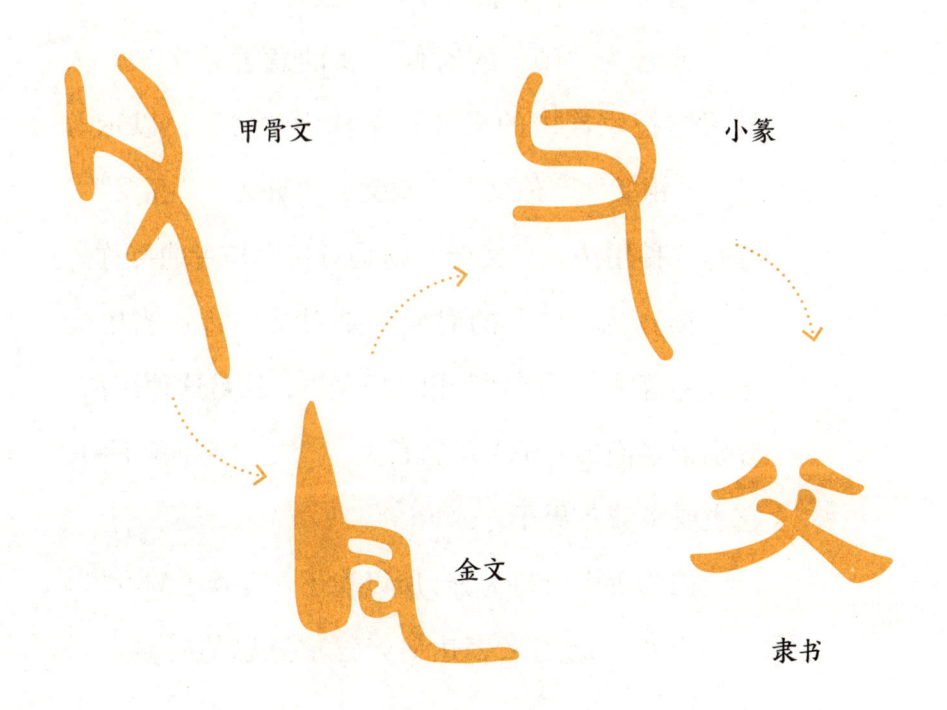

我是父字旁。
我长这个样子：

打字的时候，
你打"fù"，
我就会现身。

我的祖先很酷。它们长这个样子：

甲骨文

小篆

金文

隶书

你看我的甲骨文祖先，像不像手执石斧的形状？金文祖先身上的石斧，斧斤形状是不是更明显？

后来，是不是慢慢演变成了一撇一点和一撇一捺？

我的故事

我呀，其实就是那个"父"字，最初的意思是持斧劳作。

最早的时候，我的读音为"fǔ"。石器时代，使用石斧劳作的主要是成年男子。我由此又被借用为"父亲"的"父"，读音同时也变为"fù"。

这样一来，我就有了两种读音。

读音为"fù"的时候，我的意思是父亲。人们习惯把家族中的男性长辈称为"父"，以示尊重。"祖父""伯父""叔父""舅父""岳父"，都是这种用法。"父老"则是对村中长者的尊称。

读音为"fǔ"的时候，是对某一行业当中老年人的尊称。"渔父"和"田父"，就是这种用法，分别指老渔夫（fū）和老农夫。"夫"字和我不同，它主要指成年男子。

因为手中所持为斧，所以我还含有斧子的意思。当我广泛用来表达父亲这层意思的时候，人们另造一个"斧"字，代替我来表达斧子这层意思。

也有人说，我的甲骨文祖先像举杖（zhàng）教子的形状，是用举杖教子的动作来借指父亲。

《周易》里说："父父，子子，兄兄，弟弟，夫夫，妇妇，而家道正。"

我渴望成为"严父"，努力做到"父亲要有父亲的样子"。

我和我的孩子之间总是"父子情深"，上阵的时候也是"父子兵"。

我也怕"父债子还"，平时总是小心翼翼，担心自己的过错累及子女。

"桑野就耕父，荷锄随牧童。"（出自唐·孟浩然《田家元日》）

"当时父母念，今日尔应知。"（出自唐·白居易《燕诗示刘叟》）

很多古诗词里都有我的身影。

我来造字

我们这个家族的汉字，主要和男性长辈有关，和斧子有关。

我总是待在我朋友的头上。

因为我是以"**父**"字的身份做偏旁，所以大家都叫我"**父字旁**"。

小篆

爷

隶书

我遇到一个横折钩和一竖，
就变成了"爷"字。

旦辞爷娘去，暮宿黄河边。
"爷"是"爺"的简化字。

小篆

爸

隶书

遇到"巴"字，
就变成了"爸"字。

老爸爱看《爸爸去哪儿》。

小篆

爹
隶书

遇到"多"字，
就变成了"爹"字。

既不拼爹，也不坑爹。

小篆

斧
隶书

遇到"斤"字，
就变成了"斧"字。

西山古松栎（lì），材大招斤斧。

小篆

釜
隶书

遇到"金"字，省去一撇一捺，
就变成了"釜（fǔ）"字。

釜底抽薪（xīn）。破釜沉舟。

弄字底

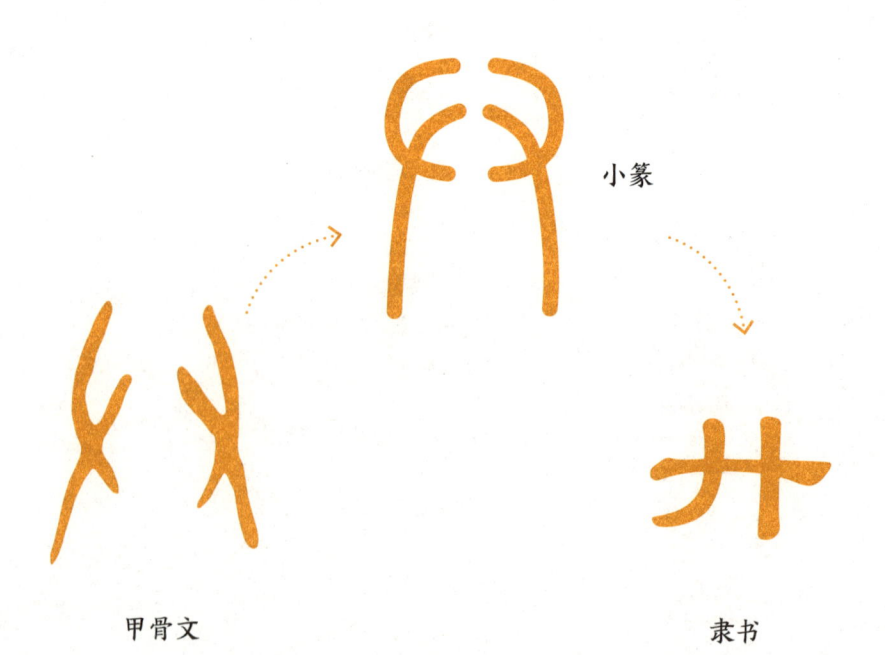

我是弄字底。
我长这个样子：廾

打字的时候，
你打 "gǒng"，
我就会现身。

我的祖先很酷。它们长这个样子：

小篆

甲骨文

隶书

你看我的甲骨文祖先，像不像两手拱合的形状？

后来，是不是慢慢演变成了一横一撇和一竖？

我的故事

我呀，其实就是那个"拱"字，是它最早的写法，最初的意思是两手拱合。

也有人说，"共"字和"奉"字也是由我分化而来，我还含有以手捧物的意思。

古人习惯两手抱拳，相互之间行拱手礼，以示尊重。

小草总是在不知不觉中拱出地面，痒得土地咧嘴笑个不停。

石拱桥一直拱着弧形的腰身，驮（tuó）着很多人过河，却从不叫苦喊累。

众星喜欢拱月，越拱彼此越美丽。

猪在没事干的时候，喜欢拱土。别人看它拱得土头土脸，嫌它脏，它却自得其乐，越拱越来劲。什么时候一高兴，说不定连白菜和萝卜也给你拱了。

我和大家一样，也一直拱着。我会始终保持这个姿势，踏踏实实地做我的偏旁，恭恭敬敬地听候诸君的调遣（qiǎn）。

"两峰如拱手,一鹤(hè)自升堂。"(出自宋·顾逢《寄题翠侍轩》)

"岳拱莲花秀,峰高玉蕊(ruǐ)秋。"[出自唐·徐夤(yín)《依御史温飞卿华清宫二十二韵》]

这些古诗词里的"拱"字,让我感到非常亲切,同时跟着沾染了一番诗意。

我来造字

我们这个家族的汉字,主要和手的动作有关。

我总是把我朋友托在自己头上。

因为"弄"字是我们这个家族的常见字,我是"弄"字之底,所以大家都叫我"弄字底"。

小篆

开

隶书

我遇到一横,
就变成了"开"字。

前村深雪里,昨夜一枝开。
"开"是"開"的简化字。

遇到一点一横、一个撇折和一点，就变成了"弃"字。

时添一线长，光阴不虚弃。
"弃"原本是"棄"的异体字，现在以"弃"为正体字。

遇到私字旁（厶），
就变成了"弁（biàn）"字。

身虽淹武弁，志不负儒（rú）冠。
旧时称低级武职为武弁。

遇到"戈（gē）"字，
就变成了"戒"字。

双手持戈，戒备森严。

秃宝盖

我是秃宝盖。
我长这个样子:

打字的时候,
你打"mi",
我就会现身。

我的祖先很酷。它们长这个样子:

甲骨文

小篆

金文

隶书

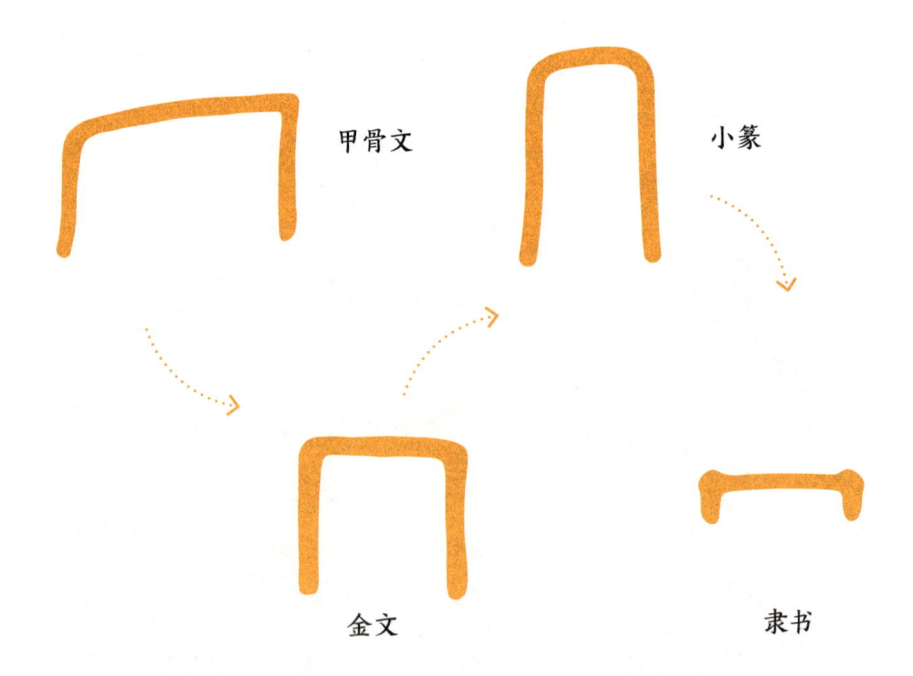

你看我的甲骨文祖先,像不像覆(fù)盖在物品上面,周边下垂的布巾?

后来,是不是慢慢演变成了一点和一个横钩,形似"一"字两头下垂?

我的故事

我呀,其实就是那个"幂(mì)"字,是它最早的写法,最初的意思是以巾覆物,引申为蒙覆的意思。

当我做了偏旁以后,人们另造一个"幂(mì)"字,代替我来表达我原来的意思。这个字后来简化为"幂"。

我最大的作用,就是蒙覆在物体上面,遮挡灰尘,防止异物落入。

"古墟(xū)烟幂幂,穷野草绵绵。"(出自唐·刘得仁《京兆府试目极千里》)

"碧落飞明镜,晴烟幂远山。"[出自宋·向子谟(yīn)《南歌子·代张仲宗赋》]

这些古诗词里的"幂"字,让我感到非常亲切,同时跟着沾染了一番诗意。

我来造字

我们这个家族的汉字,主要和蒙覆有关。

我总是待在我朋友的头上。

我虽然长得像宝盖儿(宀),但是头上少了一点,看起来光秃秃的。因为这个原因,大家都叫我"秃宝盖"。

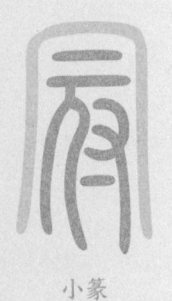

小篆

冠

隶书

我遇到"元"字和"寸"字,就变成了"冠"字。

冠(guàn)军头戴桂冠(guān),好神气呀!我们手拿帽子戴在头上,好温暖呀!

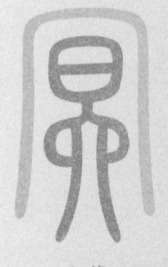

小篆

冥

隶书

遇到"日"字和"六"字,就变成了"冥(míng)"字。

冥然不语,坐于树下,头顶上的树荫遮住了夏日六月的太阳,好幽暗哪!

小篆

冤

隶书

遇到"兔"字,
就变成了"冤(yuān)"字。

无辜(gū)的小兔子被蒙着头盖在下面,顾不得鸣冤叫屈,不停地挣扎,好可怜哪!

小篆

冢

隶书

遇到"豕(chù)"字,
就变成了"冢(zhǒng)"字。

眼前现出一只被捆住了腿脚的小猪,可怜的它已经死掉了。我们挖个坑,把它埋到里面,用黄土堆成一座小小的坟墓,让它入土为安。不知那里会不会长满荒草,变成一座荒冢?

选自赵孟頫书《仇锷墓碑铭》

> 为定逐大将軍
> 蘭州司法祖福
> 朗歲将軍父昌

名帖赏析

《仇（qiú）锷墓碑铭》，全称为《有元故奉议大夫福建闽海道肃政廉访副使仇府君墓碑铭》，由元朝著名画家、书法家赵孟頫（fǔ）为文、书丹并篆额。碑铭书于延祐六年（1319年），赵孟頫时年66岁，系其晚年楷书力作，用笔遒（qiú）劲（jìng）老健，结体方整沉稳，书风疏朗俊秀。

包字头

我是包字头。
我长这个样子：

勹

打字的时候，
你打"bāo"，
我就会现身。

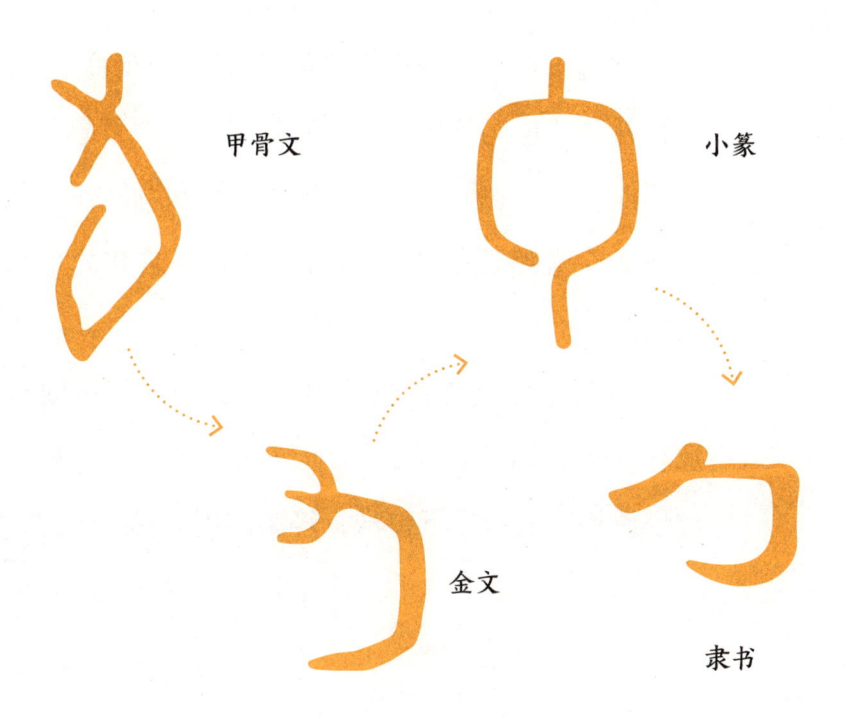

我的祖先很酷。它们长这个样子：

甲骨文

小篆

金文

隶书

你看我的甲骨文祖先，像不像弯曲手臂包裹（guǒ）东西的形状？小篆祖先是不是演变成了一个弯身缩肚，曲臂包裹东西的人形？

后来，是不是慢慢演变成了一撇和一个横折钩？

我的故事

我呀，其实就是那个"包"字，是它最早的写法，最初的意思是包裹。

因为我有包裹的属性，所以又引申出包藏、包括、包容和包揽（lǎn）等意思。

"包书皮""包饺子""包飞机""包工程""包工包料""包吃包住"……我虽然"包罗万象"，但不能"包治百病"。尤其是"红包病"和"脓（nóng）包病"，最好还是依靠你们自己的智慧和力量来根除。

遇到思想上背有包袱的人，我会像相声演员那样，给他讲个故事，抖个包袱，让他乐一乐，放松放松，然后放下包袱，轻装前进。

"一实包含万点春，收来粒粒是家珍。"（出自宋·释普宁《无题》）

"小春只隔一旬期，菊蕊（ruǐ）包香犹未放。"[出自宋·杨无咎（jiù）《玉楼春》]

这些古诗词里的"包"字，让我感到非常亲切，同时跟着沾染了一番诗意。

我来造字

我们这个家族的汉字，主要和包裹有关。

我喜欢把我朋友包裹起来，似乎怕一不小心就把它们弄丢了似的。

因为"包"字是我们这个家族的常见字，我是"包"字之头，所以大家都叫我"包字头"。

勺 小篆

勺 隶书

我遇到一点，
就变成了"勺"字。

愿分一勺泉，为民作甘霖（lín）。

小篆

匀

隶书

遇到一点和一提,
就变成了"匀"字。

池平见月匀。风轻麦浪匀。

小篆

句

隶书

遇到"口"字,
就变成了"句"字。

两句三年得,一吟(yín)双泪流。

小篆

旬

隶书

遇到"日"字,
就变成了"旬(xún)"字。

家有八旬老母。

小篆

匈
隶书

遇到"凶"字，
就变成了"匈（xiōng）"字。

壮志饥餐胡虏（lǔ）肉，笑谈渴饮匈奴血。

小篆

匍
隶书

遇到"甫（fǔ）"字，
就变成了"匍"字。

匍（pú）匐（fú）前进。

国字框

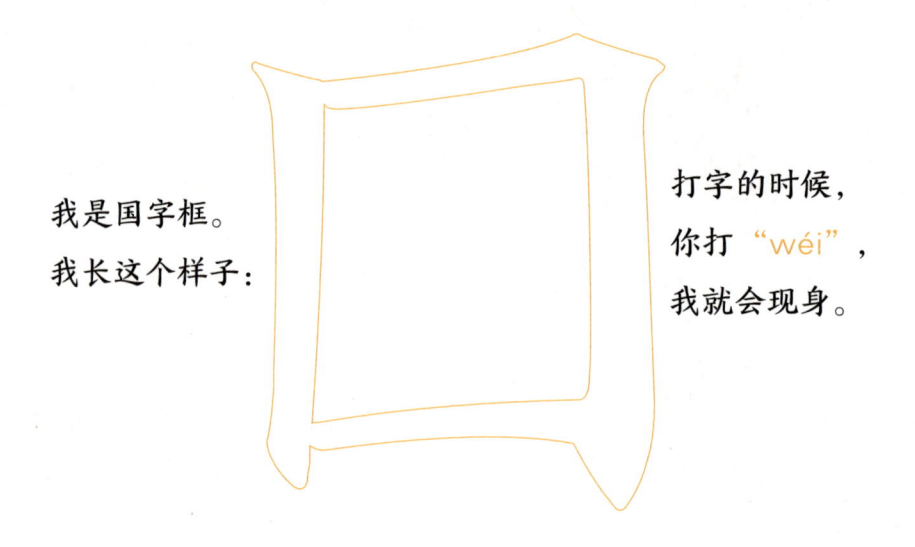

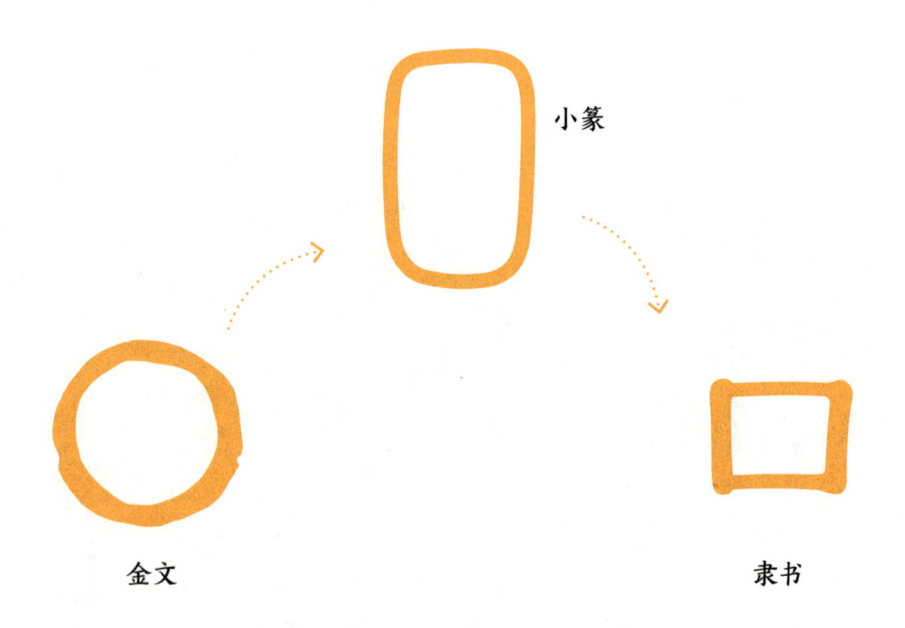

我是国字框。
我长这个样子：

打字的时候，
你打"wéi"，
我就会现身。

我的祖先很酷。它们长这个样子：

小篆

金文

隶书

你看我的金文祖先，像不像围起来的一片区域（yù）？后来，是不是慢慢演变成了一个形似围墙的长方形？

我的故事

我呀，其实就是那个"囗（wéi）"字，最初的意思是围绕和包围。

我和"口"字长得很像，都是由一竖、一个横折和一横组成。只不过我是长方形，它是正方形。

当我做了偏旁以后，人们另造一个"围"字，代替我来表达我原来的意思。

我的作用很大。古代的城市用城墙围起来，能够防止敌人入侵。每家每户用院墙或者篱笆围起来，能够防止强盗和野兽进入。

同敌人作战的时候，需要把敌人围起来。

打猎的时候，需要把猎物围起来。

围魏救赵和围城打援，都是很好的作战方法。

围着中心人物转，队伍就有凝聚力，不会散架。

围绕主题写作，文章就会题旨鲜明，不会跑题。

"湖上春来似画图，乱峰围绕水平铺。"（出自唐·白居易《春题湖上》）

"天势围平野,河流入断山。"(出自唐·畅诸《登鹳雀楼》)

这些古诗词里的"围"字,让我感到非常亲切,同时跟着沾染了一番诗意。

我来造字

我们这个家族的汉字,主要和界域有关,和围绕有关。

我喜欢把我朋友围起来,而且是全包围,围得严严实实。

因为"国"字是我们这个家族的常见字,我是"国"字之框,所以大家都叫我"国字框",有时候也叫我"方框"。

小篆

园

隶书

我遇到"元"字,就变成了"园"字。

古涧(jiàn)一枝梅,免被园林锁。

"园"是"園"的简化字。

小篆

圃
隶书

遇到"甫（fǔ）"字，
就变成了"圃（pǔ）"字。

小圃养春色。

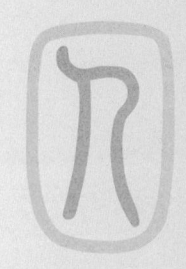

小篆

囚
隶书

遇到"人"字，
就变成了"囚"字。

囚犯正是牢中人。

小篆

回
隶书

遇到"口"字，
就变成了"回"字。

回去再给你回话。

小篆

困

隶书

遇到"木"字，
就变成了"困"字。

有名人易困，无契（qì）债难还。

小篆

囫

隶书

遇到"勿"字，
就变成了"囫"字。

囫（hú）囵（lún）吞枣。

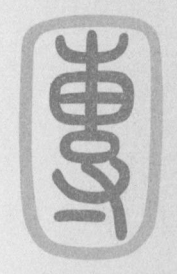

小篆

团

隶书

遇到"才"字，
就变成了"团"字。

大团圆，大结局。
"团"是"團"的简化字。

韦字旁

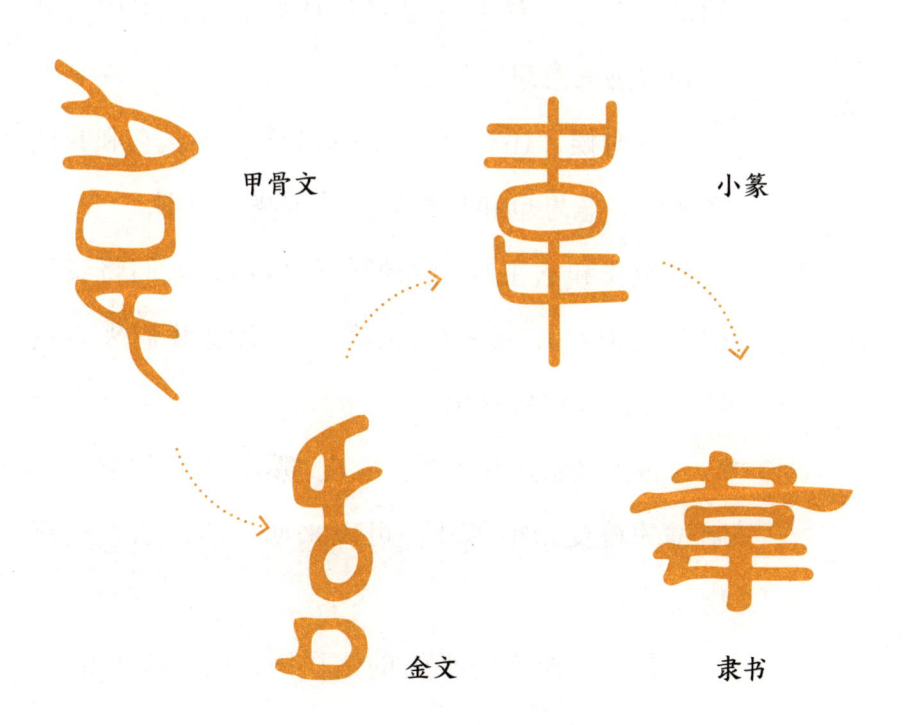

我是韦字旁。
我长这个样子：

韦

打字的时候，
你打"wéi"，
我就会现身。

我的祖先很酷。它们长这个样子：

甲骨文

小篆

金文

隶书

你看我的甲骨文祖先，像不像环城而行的形状？中间那个长方形的笔画，是不是代表城邑（yì）？上下那两只脚，是不是表示环行？

到了我这一辈，是不是最终演变成了两横、一个横折钩和一竖？

我的故事

我呀，其实就是那个"韦"字，是"韋（wéi）"的简化写法，最初的意思是环城而行，引申为环绕和包围的意思。

古时候，还有个"囗（wéi）"字。它和我读音相同。意思也和我相近，是围绕和包围。

当我和它主要用来做偏旁以后，人们将我们整合起来，另造一个"围"字，代替我们来表达环绕和包围这层意思。

古人经常用我来借指熟皮。熟皮是去毛鞣（róu）制过的兽皮，很柔软，可以来回环绕，捆束包裹物品。

夏朝有个实力很强的诸侯国，叫"豕（shǐ）

韦国",简称"韦"。据说这个国家的人擅长养猪,会用鞣制过的猪皮做猪皮鼓,子孙后代也都以"韦"为姓。

"韦编三绝",说的是孔子勤奋读书,把编连《周易》竹简的皮绳都翻断了好多次。

随着频(pín)繁借用,我慢慢成了熟皮的代名词。再加上"围"字的出现和替代,我原来的意思反而很少有人知道了。

也有人说,我的甲骨文祖先形似两脚环城而行没错,但环城的人不是敌方,而是己方。我可能是"衞(wèi)"字最早的写法,最初的意思应该是保衞。"衞"字后来又简化为"卫"。

还有人说,我的甲骨文祖先看起来像是分布在城邑两侧,反向而行的两只脚。我可能是"违"字最早的写法,最初的意思应该是违背和背离。

"出门逢一士,韦布污尘土。"[出自宋·张耒(lěi)《春日杂书八首》]

"何以慰(wèi)我思,一语当韦弦。"(出自宋·彭龟年《别张袁州五首》)

很多古诗词里都有我的身影。

我来造字

我们这个家族的汉字，主要和环绕有关，和皮韦有关。

我通常待在我朋友的右边，有时候也跑到其他位置。

因为我是以"韦"字的身份做偏旁，所以大家都叫我"韦字旁"。

小篆

讳
隶书

我遇到言字旁（讠），
就变成了"讳（huì）"字。

讳疾忌医。
"讳"是"諱"的简化字。

小篆

纬
隶书

遇到绞丝旁（纟），
就变成了"纬（wěi）"字。

经天纬地。
"纬"是"緯"的简化字。

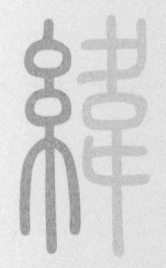

小篆

袆
隶书

遇到示字旁（礻），
就变成了"祎（yī）"字。

"蜀汉四相"，指的是诸葛亮、蒋琬(wǎn)、董允和费祎。"祎"的意思是美好，多用于人名。

小篆

袆
隶书

遇到衣字旁（衤），
就变成了"袆（huī）"字。

袆衣是皇后受册、谒（yè）庙、朝会和助祭先王时所穿的礼服，上面两两一组绘满了翚（huī）。翚即五彩野鸡。

小篆

苇
隶书

遇到草字头（艹），
就变成了"苇（wěi）"字。

一苇渡江。

小篆

韧

隶书

遇到"刃"字，
就变成了"韧（rèn）"字。

坚韧不拔。

小篆

韪

隶书

遇到"是"字，
就变成了"韪（wěi）"字。

冒天下之大不韪。不韪即不是、不对，也就是错误。

行字旁

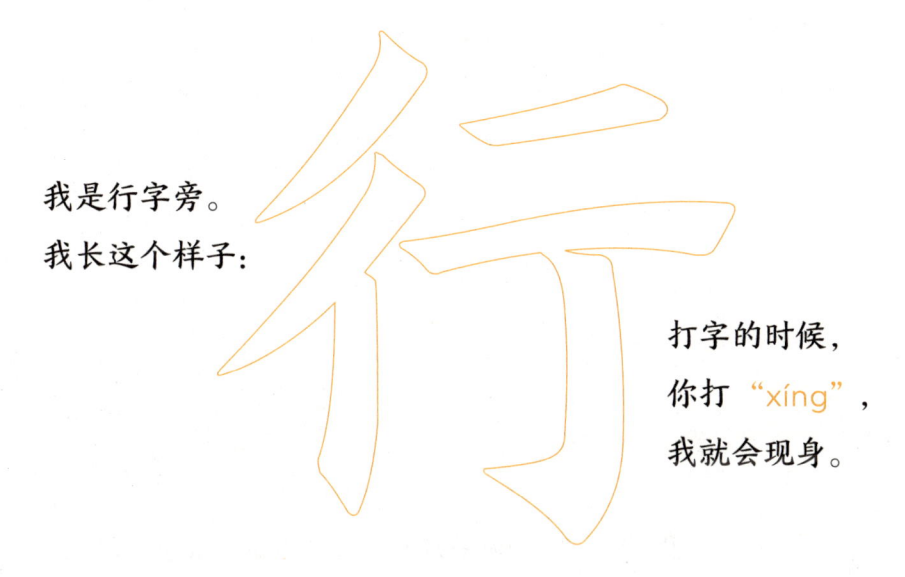

我是行字旁。
我长这个样子：

打字的时候，
你打 "xíng"，
我就会现身。

我的祖先很酷。它们长这个样子：

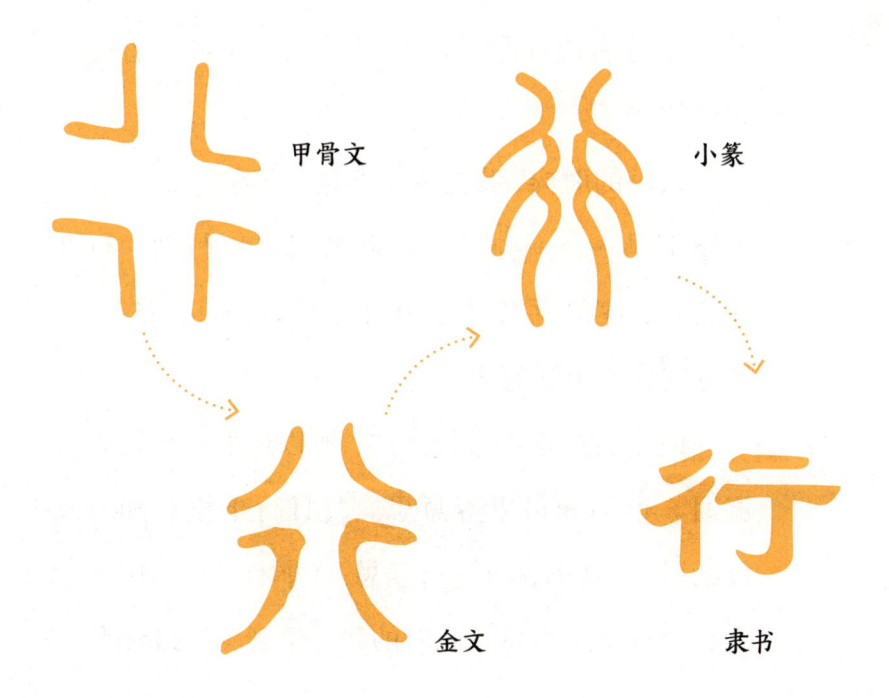

甲骨文

小篆

金文

隶书

你看我的甲骨文祖先,像不像连通四方的道路?

后来,是不是慢慢演变成了两撇一竖和两横、一个竖钩?

我的故事

我呀,其实就是那个"行"字,最初的意思是道路。

我的左边是"彳(chì)"字,右边是"亍(chù)"字。左右两边都是我的省写形式,我可以省写成它们的样子。

最早的时候,我是一个名词,读音为"háng"。道路都是一条一条的,由此又引申出行列、行业和长幼次序等意思。"一行树""外行""排行",就分别含有上述意思。

因为道路是用来行走的,所以还引申出行走、流通、行动和可以等意思。"日行千里"和"发行纸币",就都含有这层意思。"罪行"和"不行",也都含有这层意思。此时的我,读音为"xíng"。

我还是一种古诗体裁，和"歌"合称为"歌行体"。我们的特点是句式长短不一，韵律自由，富于变化。杜甫的《兵车行》，曹操的《步出夏门行》，就都属于这种体裁。

古人云："行百里者半于九十。"能走完百里路程的人，比走完九十里路程的人要少一半。长跑或者登山的时候，越接近终点越是艰难。但再艰难，也总有抵达的那一刻。我祝愿大家都能坚持到底，迎来最后的胜利。

"浮云终日行，游子久不至。"[出自唐·杜甫《梦李白二首（其二）》]

"晚风吹行舟，花路入溪口。"[出自唐·綦（qí）毋（wú）潜《春泛若耶溪》]

很多古诗词里都有我的身影。

我来造字

我们这个家族的汉字，主要和道路有关，和行走有关。

我通常把我朋友夹在中间，有时候也跑到其他位置。

因为我是以"行"字的身份做偏旁，所以大家都叫我"行字旁"。

小篆

衍
隶书

我遇到三点水（氵），
就变成了"衍（yǎn）"字。

中间淙淙（cóng）流，分开两边走。衍生为两枝，枝枝不忘本。

小篆

衔
隶书

遇到金字旁（钅），
就变成了"衔（xián）"字。

雁引愁心去，山衔好月来。

小篆

荇
隶书

遇到草字头（艹），
就变成了"荇（xìng）"字。

荷梗白玉香，荇菜青丝脆。荇菜是多年生草本植物，茎可以吃，全草入药。

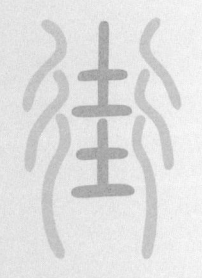

小篆

街
隶书

遇到"圭（guī）"字，
就变成了"街"字。

十里长街市井连，月明桥上看神仙。

小篆

衙
隶书

遇到"吾"字，
就变成了"衙（yá）"字。

州衙三面接秦淮，临水朱门一半开。

小篆

衢
隶书

遇到"瞿（qú）"字，
就变成了"衢（qú）"字。

江苏徐州，古称彭城，大河前横，五省通衢。"衢"的意思是大路。

双人旁

我是双人旁。
我长这个样子:

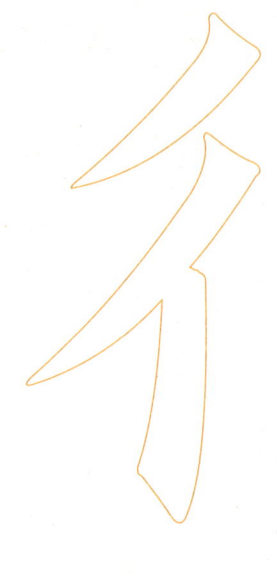

打字的时候,
你打"chì",
我就会现身。

我的祖先很酷。它们长这个样子:

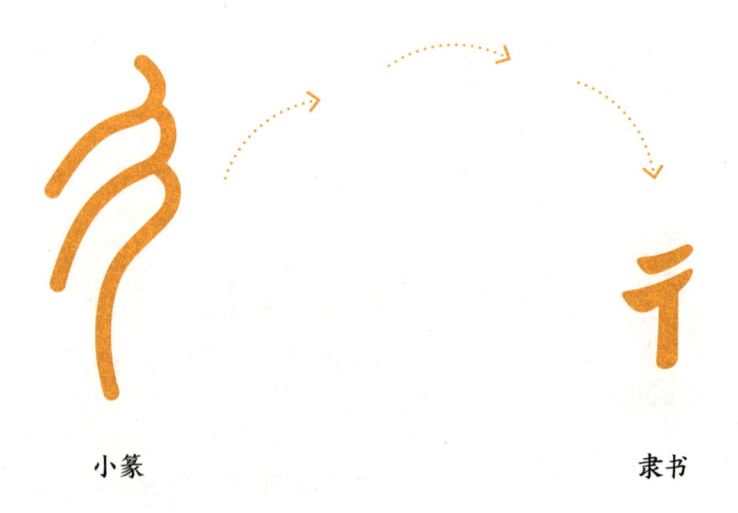

小篆　　　　　　　　　　隶书

你看我的小篆祖先，像不像"行"字的左半部分？

后来，是不是慢慢演变成了两撇一竖？

我的故事

我呀，其实就是那个"彳（chì）"字，最初的意思是道路。

《说文解字》里说我是"小步也"。我由此又引申为小步和小步行走等意思。

"行"字最初的意思是道路。我是它的左半部分。它的右半部分是"亍（chù）"。

我和"亍"都是"行"字的省写形式，最初的意思也都是道路。

我们合在一起，组成"彳亍"一词，类似于"踟（chí）蹰（chú）"和"踯（zhí）躅（zhú）"这两个词语，含有犹豫不决、欲走还停和徘（pái）徊（huái）不前等意思。

"千里之行，始于足下。"我很高兴能同"行"字攀上亲戚。每个人都会选择适合自己行走的道路。如果能遇到同路人，一路相伴，一路同行，那是再好不过。

"人生天地间，忽如远行客。"（出自汉·佚名《古诗十九首·青青陵上柏》）

"仍怜故乡水，万里送行舟。"（出自唐·李白《渡荆门送别》）

这些古诗词里的"行"字，让我感到非常亲切，同时跟着沾染了一番诗意。

我来造字

我们这个家族的汉字，主要和道路有关，和行走有关。

我总是待在我朋友的左边。

因为我比单人旁多一撇，看起来像两个人站在那里，所以大家都叫我"双人旁"或者"双立人"。

小篆

径

隶书

我遇到一个横撇、一点和"工"字，
就变成了"径"字。

花香满径，曲径通幽。
"径"是"徑"的简化字。

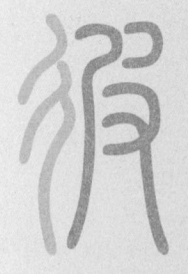

小篆

彼

隶书

遇到"皮"字，
就变成了"彼"字。

由此及彼。彼岸花开。

小篆

往

隶书

遇到"主"字,
就变成了"往"字。

马路上人来人往。

小篆

徐

隶书

遇到"余"字,
就变成了"徐"字。

清风徐徐吹来。

小篆

徒

隶书

遇到"走"字,
就变成了"徒"字。

师徒二人徒步去旅行。

小篆

彷

隶书

遇到"方"字,
就变成了"彷"字。

彷(páng)徨(huáng)四顾。

小篆

循

隶书

遇到"盾"字,
就变成了"循(xún)"字。

循环往复。

小篆

徜

隶书

遇到"尚"字,
就变成了"徜"字。

徜(cháng)徉(yáng)在知识的海洋里。

步字旁

我是步字旁。
我长这个样子：

打字的时候，
你打"bù"，
我就会现身。

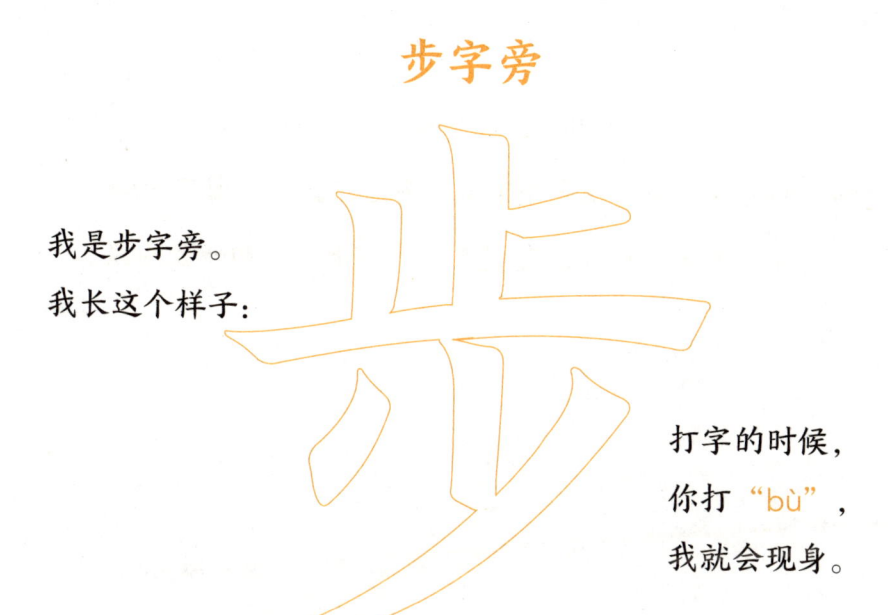

我的祖先很酷。它们长这个样子：

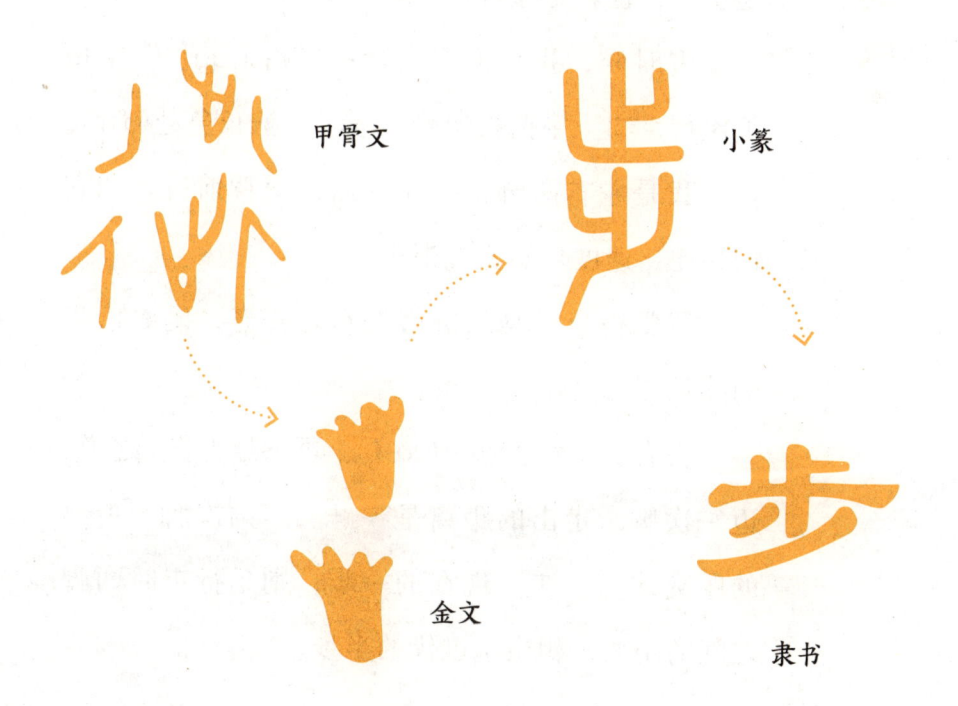

甲骨文

小篆

金文

隶书

你看我的甲骨文祖先，像不像一前一后，左右两脚走在道路上的形状？金文祖先是不是省去道路，只保留了两脚？后来，是不是慢慢演变成了一个"止"字和一竖两撇？

我的故事

我呀，其实就是那个"步"字，最初的意思是步行，也就是徐行。

古时候，我有很多同行："趋（qū）"字擅长疾行，"走"字擅长疾趋，"奔"字擅长急赴（fù）。

我是左右两脚，一前一后，交替前行。和它们相比，速度自然要慢很多。

我觉得自己是最舒缓的行走姿态，闲庭信步的感觉非常美妙。

古有"一举足为跬（kuǐ），再举足为步"之说。迈一次脚，走出的距离是一跬。迈两次脚，走出的距离才是一步。现在的一步，则是行走时两脚之间的距离，相当于古代的半步。

"不积跬步，无以至千里。"要想行千里路，就必须从一跬一步开始，踏踏实实地走起。

"寻花入幽径，步日下寒阶。"（出自唐·张籍《赠太常王建藤杖笋鞋》）

"九州不足步，愿得凌云翔。"（出自三国·曹植《五游咏》）

很多古诗词里都有我的身影。

我来造字

我们这个家族的汉字，主要和行走有关。

我通常待在我朋友的左边或者右边，有时候也跑到其他位置。

因为我是以"步"字的身份做偏旁，所以大家都叫我"步字旁"。

小篆

隶书

我遇到三点水（氵），
就变成了"涉（shè）"字。

跋（bá）山涉水。

小篆

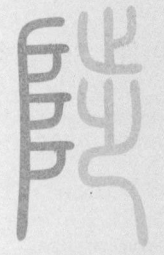

陟

隶书

遇到左耳旁（阝），
就变成了"陟（zhì）"字。

候雁来归北，寒鱼陟负冰。陟为登高或者上升。

小篆

频

隶书

遇到"页"字，
就变成了"频（pín）"字。

频频点头，连连称赞。

小篆

莎

隶书

遇到草字头（艹），
就变成了"茇（bù）"字。

茇为乱草，可喂牛马。

登字头

我是登字头。
我长这个样子:

打字的时候,
你打"bō",
我就会现身。

我的祖先很酷。它们长这个样子:

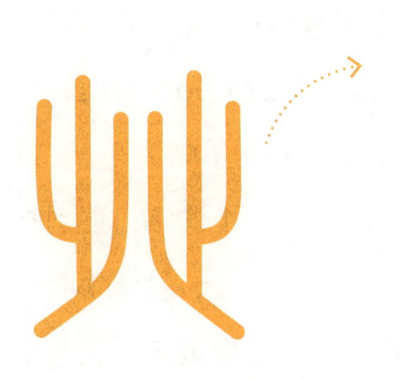

小篆　　　　　　　　　　隶书

你看我的小篆祖先,像不像两只脚的形状?

后来,是不是慢慢演变成了一个横撇、一点和两撇一捺?

我的故事

我呀,其实就是那个"癶(bō)"字,最初的意思是双脚而行,引申为两足外张,行走不顺的意思。

"止"字最初的意思是脚。我和"步"字都由一正一反两个"止"字组成。我们都有两只脚。我的两只脚是左右相邻,分张而行。它的两只脚是一前一后,交替前行。

《说文解字》里说我形象不佳,是"足剌(là)癶"。也就是说,我走路时剌跋(bá)着腿,两脚向外分张,脚板不正,因而行走不顺。

现在,很少有人知道我是一个汉字,更别提知道我的读音和意思了。

除了给为数极少的几个汉字做偏旁,我几乎被人们弃而不用,更别谈什么写进诗歌里了。

但是,这并不妨碍我追求诗意的生活。我每天都在默默地努力,视自己的双脚为画船,把不顺当成调料，把寂寞过成宁静。

"苍山望中横，清泉脚底流。"[出自宋·刘子翚（huī）《入开善》]

"洞庭雨脚来吹笙，酒酣喝月使倒行。"（出自唐·李贺《秦王饮酒》）

这些古诗词里的"脚"字，让我感到非常亲切，同时跟着沾染了一番诗意。

我来造字

我们这个家族的汉字，主要和两脚有关。

我总是待在我朋友的头上。

因为"登"字是我们这个家族的常见字，我是"登"字之头，所以大家都叫我"登字头"。

豆

小篆

登

隶书

我遇到"豆"字，
就变成了"登"字。

这边五谷不登，那边五谷丰登。

小篆

癸
隶书

遇到"天"字，
就变成了"癸（guǐ）"字。

癸是"十天干"之一，位列第十位。按照古代五行（xíng）学说，壬（rén）癸属水，位在北方，代表冬季。

小篆

發
隶书

遇到"弓"字和"殳（shū）"字，就变成了"發"字。

"發（fā）射"的"發"和"头髮（fà）"的"髮"，一起简化为"发"。

走字旁

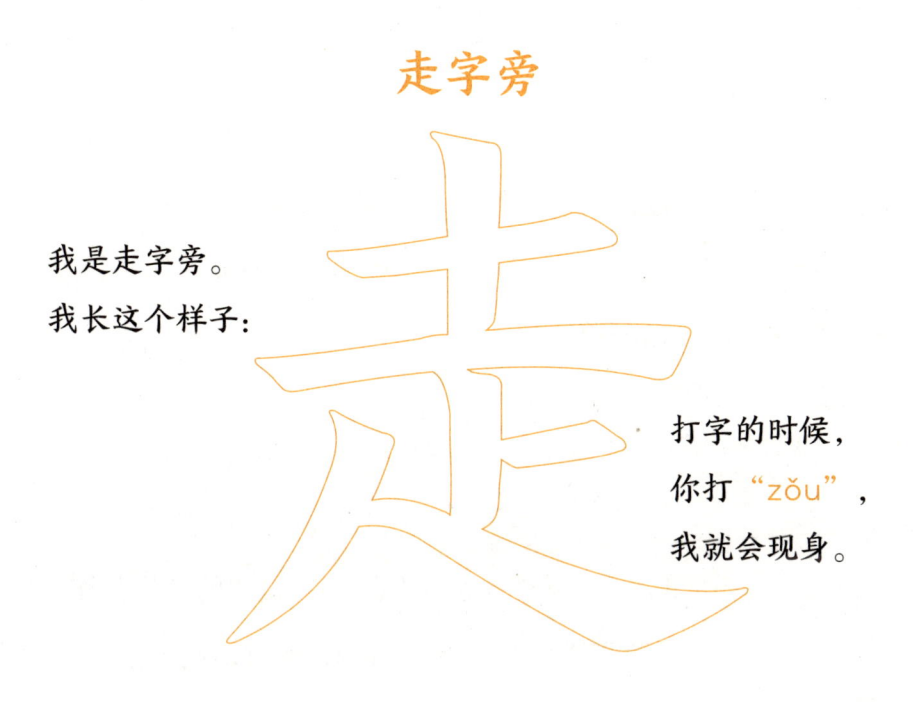

我是走字旁。
我长这个样子：

走

打字的时候，
你打"zǒu"，
我就会现身。

我的祖先很酷。它们长这个样子：

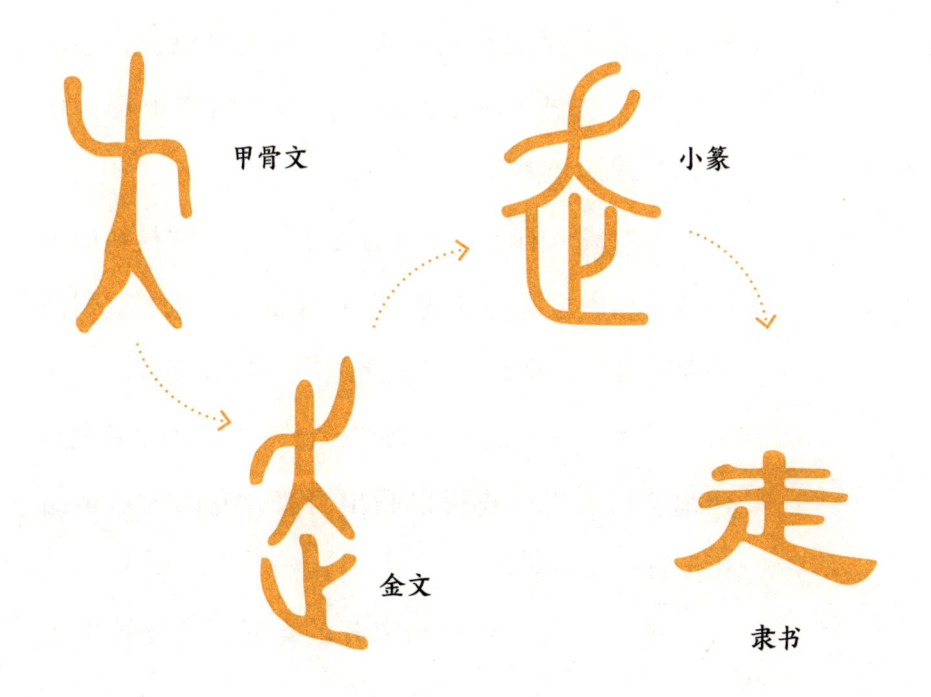

甲骨文

小篆

金文

隶书

你看我的甲骨文祖先,像不像一个人甩动双臂奔跑的形状?金文祖先下边是不是增加了一只脚,用来表示以脚奔跑?

后来,是不是慢慢演变成了一个"土"字形的笔画,外加一竖一横和一撇一捺?

我的故事

我呀,其实就是那个"走"字,最初的意思是跑。

"两脚进曰行,徐行曰步,疾行曰趋(qū),疾趋曰走。"我和"奔"的意思都是跑,都是疾趋。

我的金文祖先下面只有一只脚,"奔"字的金文祖先下面却有三只脚。它比我要急迫,多出一层紧急奔赴(fù)的意思。林冲雪夜上梁山的时候,就是"夜奔"。

古时候,有个"跑(páo)"字。它最初的意思是马和虎之类的动物以足刨(páo)地。杭州的"虎跑泉",即是"二虎跑地",作穴而成。

后来,它的读音变为"pǎo",代替我来表达奔跑这层意思。我得以腾出身来,专门表示走路和步行这层意思。

我还引申为移动和离开的意思。"分针走了

一格"和"火车刚走",都是这种用法。人去世,相当于离开人间,也叫"走了"。

我想回到春秋时期的越国,赶在大夫文种还没被越王勾践赐(cì)死之前,和范蠡(lǐ)再劝他一劝,再向他讲一讲"飞鸟尽,良弓藏"和"狡兔死,走狗烹(pēng)"的道理。

我想回到战国时期的秦国,找到"兔走触株,折颈而死"的那只兔子,和它一起面见韩非先生,请他重写《五蠹(dù)》,让"守株待兔"中的兔子绕道而行,避开树桩,以免白白丢掉性命。

"老翁逾(yú)墙走,老妇出门看。"(出自唐·杜甫《石壕吏》)

"儿童急走追黄蝶,飞入菜花无处寻。"(出自宋·杨万里《宿新市徐公店》)

很多古诗词里都有我的身影。

我来造字

我们这个家族的汉字,主要和奔跑有关,和行走有关。

我总是把我朋友揽到我怀里。

因为我是以"走"字的身份做偏旁,所以大家都叫我"走字旁"。

小篆

赴

隶书

我遇到"卜"字，
就变成了"赴"字。

但请将军单刀赴会。

小篆

赳

隶书

遇到一个竖提和一竖，
就变成了"赳（jiū）"字。

雄赳赳，气昂昂。

小篆

赶

隶书

遇到"干"字，
就变成了"赶"字。

你追我赶。

小篆

超

隶书

遇到"召"字,
就变成了"超"字。

弯道超车。

小篆

越

隶书

遇到"戉(yuè)"字,
就变成了"越"字。

翻山越岭。

小篆

趣

隶书

遇到"取"字,
就变成了"趣"字。

饶有兴趣。

小篆

趔
隶书

遇到"列"字，
就变成了"趔"字。

打了个趔（liè）趄（qie），差点摔倒。

小篆

趁
隶书

遇到"人"字和三撇儿（彡），
就变成了"趁"字。

趁热打铁。趁火打劫。

选自欧阳询书《皇甫君碑》

夫素秋萧敛劲草标於疾
风刿世艰寰忠臣彰於赴
难衔须授命结缨殉国英
声焕乎记牒徽烈著於旂
常岂若譬起萧墙祸生蕃

名帖赏析

《皇甫君碑》，又称《皇甫诞（dàn）碑》，全称为《隋柱国左光禄大夫弘义明公皇甫府君之碑》。唐朝宰相于志宁撰文，"唐人楷书第一"欧阳询书写。该碑章法严整，字体瘦劲挺拔，尽显"欧体"特色。

走之旁

我是走之旁。
我长这个样子：

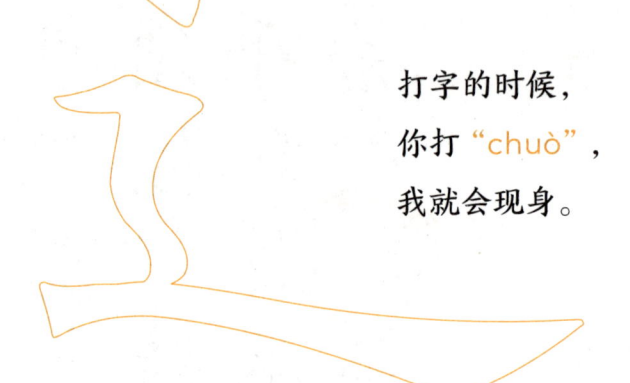

打字的时候，
你打"chuò"，
我就会现身。

我的祖先很酷。它们长这个样子：

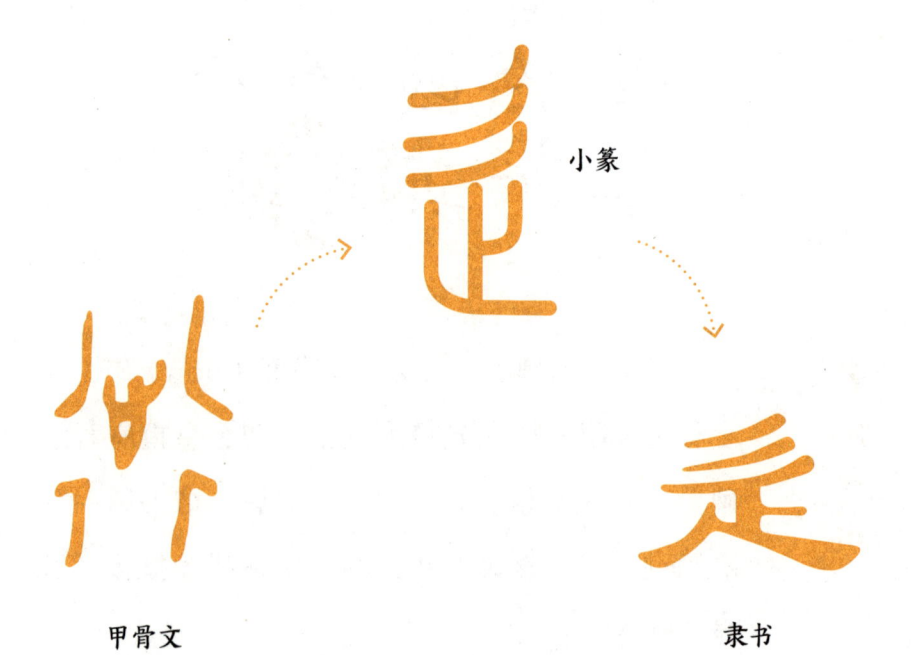

小篆

甲骨文

隶书

你看我的甲骨文祖先，像不像一只脚走在路上的形状？两侧那些笔画，是不是代表道路？中间那些笔画，是不是代表脚？小篆祖先是不是只保留了一半道路？它身上那只脚，是不是移到了道路下方？

后来，是不是慢慢演变成了一个三撇儿和一竖一横、一撇一捺？

到了我这一辈，是不是最终演变成了一点、一个横折折撇和一捺？

我的故事

我呀，其实就是那个"辵（chuò）"字，是它分化出来的写法，最初的意思是走路。

我的甲骨文祖先，是由表示道路的"行（háng）"字和表示脚的"止"字组成。

到了我的小篆祖先那儿，"止"字还在，道路却只剩下半边，演变成了一个变形的"彳（chì）"字。

我既和"行"字有关，也和"止"字有关，因而还含有乍行乍止的意思。走在路上的我，时常是心有所想，步履踌（chóu）躇（chú），忽走忽停。

"高山仰止,景行(háng)行(xíng)止。"高山品性崇(chóng)高,大道心胸开阔。我很高兴能同"行"字和"止"字攀上亲戚。

我们的一举一动,都是个人内在气质的体现,都是"行止由心"规律的反映。希望大家都能修身养性,保持良好的品行。

"太行何难哉(zāi),北斗不可斟(zhēn)。"(出自唐·顾况《游子吟》)

"翠华摇摇行复止,西出都门百余里。"(出自唐·白居易《长恨歌》)

这些古诗词里的"行"字和"止"字,让我感到非常亲切,同时跟着沾染了一番诗意。

我来造字

我们这个家族的汉字,主要和道路有关,和行走有关。

我喜欢邀请我朋友到我家中做客。

因为我本身的意思是"走",长得又很像"之"字,所以大家都叫我"走之旁"或者"走之"。

小篆

道
隶书

我遇到"首"字，
就变成了"道"字。

雪满长安道。

小篆

途
隶书

遇到"余"字，
就变成了"途"字。

长途跋（bá）涉（shè）。

小篆

远

隶书

遇到"元"字,
就变成了"远"字。

远交近攻。
"远"是"遠"的简化字。

小篆

返

隶书

遇到"反"字,
就变成了"返"字。

流水去不返,青霄徒白云。

小篆

边

隶书

遇到"力"字,
就变成了"边"字。

路边有棵杨树。
"边"是"邊"的简化字。"邊"是会意字,意思是自己走很远才能到达的地方,也就是边缘、边境。边缘和边境需要用力走才能到达,"邊"字简化时因而选取"力"字做简化符号。

小篆

送

隶书

遇到"关"字,
就变成了"送"字。

客人走了要送一送。

建之旁

我是建之旁。
我长这个样子：

打字的时候，
你打"yǐn"，
我就会现身。

我的祖先很酷。它们长这个样子：

小篆　　　　　　　　　隶书

你看我的小篆祖先，像不像引长了末画的"彳（chì）"字？后来，是不是演变成了一个横折折撇和一捺？

我的故事

我呀，其实就是那个"廴（yǐn）"字，最初的意思是漫漫长路，引申为连续行走的意思，也就是长行。

"彳"字是"行"字的省写形式，意思是道路，是行走。我是"彳"字的末画向右下方延伸引长而来。既然是"彳"字的引长，自然也就含有漫漫长路和长行等意思。

也有人说，我的小篆祖先看起来就像一个人在长行的样子。你看它那架势，前腿弓，后腿蹬（dēng），可不是在连续行走咋的？

"读万卷书，行万里路。"我很高兴能同"行"字攀上亲戚。世上的每个人都行进在自己的轨（guǐ）道上。行色匆匆和悠闲自得分别是生活的两面。"思者无域，行者无疆（jiāng）。"我们只要肯前行，就一定能够到达自己想去的地方。

"山回路转不见君,雪上空留马行处。"(出自唐·岑参《白雪歌送武判官归京》)

"天上高飞地上行,终难万里附鹏程。"(出自宋·仇远《题画》)

这些古诗词里的"行"字,让我感到非常亲切,同时跟着沾染了一番诗意。

我来造字

我们这个家族的汉字,主要和长行有关。

我喜欢邀请我朋友到我家中做客。

因为"建"字是我们这个家族的常见字,我是"建"字的偏旁,再加上我长得很像"之"字,所以大家都叫我"建之旁"或者"建之"。

小篆

建

隶书

我遇到"聿(yù)"字,就变成了"建"字。

建言献策,建功立业。

小篆

延

隶书

遇到"止"字和一撇，
就变成了"延"字。

山脉曼（màn）延。大火蔓（màn）延。洪水漫（màn）延。

小篆

廷

隶书

遇到"壬（rén）"字，
就变成了"廷"字。

朝廷命官。宫廷桃酥（sū）。

无字旁

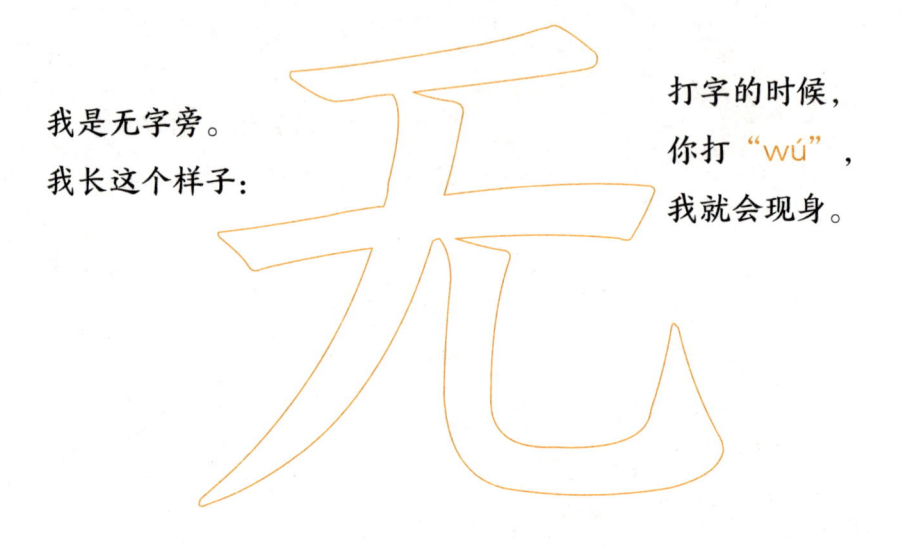

我是无字旁。
我长这个样子:

无

打字的时候,
你打"wú",
我就会现身。

我的祖先很酷。它们长这个样子:

小篆　　　　　　　　　隶书

你看我的小篆祖先，像不像"天"字跛（bǒ）了一只脚？后来，是不是慢慢演变成了两横一撇和一个竖弯钩？

我的故事

我呀，其实就是那个"无"字，最初的意思是虚缺。

传说共工与颛（zhuān）项（xū）争夺帝位，失败后怒触不周山，导致天柱折，地维绝。自此，天倾西北，地陷东南，华夏大地呈现出西北高、东南低的走势。我很可能就是这一神话现象在汉字当中的体现。

"地陷东南"，换个说法就是"地不满东南"。不满即是虚缺，由此又引申出没有的意思。

也有人说，我是由"元"字的一撇向上贯通而来，上连虚无寂寞之道，因此含有虚无的意思。

还有人说，我身上那两横分别代表地面和地底，那一撇和竖弯钩代表人，意思是人亡葬于地下，引申为没有的意思。

古时候，有个"無（wú）"字，最初的意思是手持舞具跳舞。古人经常借用它来表达没有这层意思。比如《尚书·洪范》里的"無偏無党，王道荡荡"，就是这种用法。

由于久借不还，久而久之，人们索性另造一个"舞"字，代替它来表达跳舞这层意思。

汉字简化的时候，"無"字干脆和我合并，简化成了我现在这个样子。

读音和我相同，同样可以用来表达没有这层意思的，还有"亡（wú）"和"毋（wú）"二字。

我和"有"字相对，可以组成"有无"一词。

我和"虚"字相近，可以组成"虚无"一词。

我虽然是"无"，但是有无穷无尽的智慧，无穷无尽的故事。

"天下万物生于有，有生于无。"我可以无中生有，有生万物。

我的最高境界是"无为而无不为"。

"本来无一物，何处惹尘埃（āi）？"[出自唐·惠能《菩提偈（jì）》]

"江南无所有，聊（liáo）赠一枝春。"（出自南北朝·陆凯《赠范晔诗》）

很多古诗词里都有我的身影。

我来造字

我们这个家族的汉字，主要和舞蹈有关。

我通常待在我朋友的右边，有时候也跑到其他位置。

因为我是以"无"字的身份做偏旁，所以大家都叫我"无字旁"。

小篆

妩

隶书

我遇到"女"字，
就变成了"妩（wǔ）"字。

妩媚动人。
"妩"是"嫵"的简化字。

小篆

怃

隶书

遇到竖心旁（忄），
就变成了"怃（wǔ）"字。

怃然不乐。怃然用来形容失望的样子。
"怃"是"憮"的简化字。

遇到草字头（艹），
就变成了"芜（wú）"字。

田地荒芜。
"芜"是"蕪"的简化字。

遇到提手旁（扌），
就变成了"抚（fǔ）"字。

抚今追昔。抚慰灾民。
"抚"是"撫"的简化字。

遇到"广"字，
就变成了"庑"字。

下见宫殿小，上看廊（láng）
庑（wǔ）深。廊庑是正房对面
和两侧的小屋子。
"庑"是"廡"的简化字。

卜字旁

卜

我是卜字旁。
我长这个样子：

打字的时候，
你打"bǔ"，
我就会现身。

我的祖先很酷。它们长这个样子：

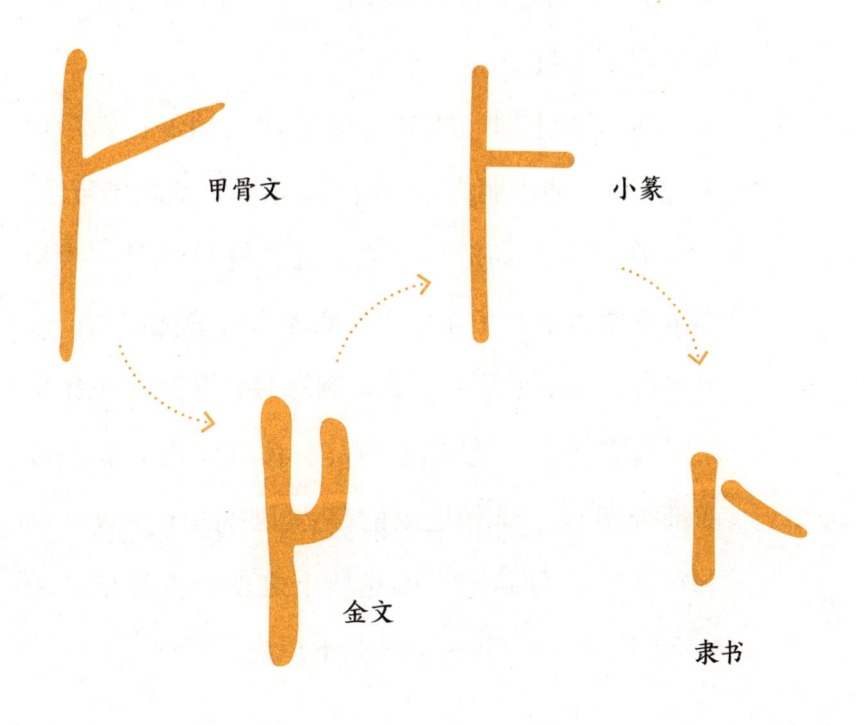

卜　甲骨文

卜　小篆

卜　金文

卜　隶书

你看我的甲骨文祖先，像不像古人占卜时龟甲上纵横出现的裂纹？

到了我这一辈，是不是最终演变成了一竖一点？

我的故事

我呀，其实就是那个"卜"字，最初的意思是龟甲上的裂纹，也就是龟兆。

因为古人喜欢据此预测吉凶祸福，所以我又引申为占卜的意思。

也有人说，我的甲骨文祖先身上那一竖代表龟甲，另外一个笔画代表一端有火头，用来烧灼（zhuó）龟甲的细木棍。

古人占卜时，需要在龟甲阴面钻洞，然后以木棍点火，伸进洞内进行烧灼，阳面方能现出裂纹。

殷（yīn）商时期，人们普遍迷信鬼神，大事小事都要占卜。王室的卜官观察分析完兆纹后，还要将占卜的结果形成卜辞，刻写在龟甲兽骨上面。

每条卜辞一般都由前辞、命辞、占辞和验辞四部分组成。前辞记录的是占卜时的干支日期和卜官名字。命辞记录的是所卜之事。占辞记录的是卜问结果。验辞记录的是卜后应验情况。

这些刻写在龟甲兽骨上的卜辞，就是甲骨文，是世界上最古老的文字之一。我对历经沧桑的甲骨文祖先，向来都是顶礼膜拜的。

我和"筮（shì）"字组成"卜筮"一词。我们是古代最常用的两种占卜方法。我通过龟甲或者兽骨来占卜。它通过根老、茎多，有"神草"之称的蓍（shī）草来占卜。

我还有一个读音为"bo"。读这个读音的时候，可以组成"萝卜"一词。最早的时候，萝卜叫"莱（lái）菔（fú）"或者"蘿（luó）蔔（bo）"。后来，"蘿"字简化为"萝"，"蔔"字也简化成我，由我代替它来表达它原来的意思。这样一来，我就有了两种读音。

"日长寻得宽心术，唤取门前卖卜人。"（出自宋·袁说友《临安邸中即事且谢诚斋惠诗十二首》）

"众中不敢分明语，暗掷（zhì）金钱卜远人。"[出自唐·于鹄（hú）《江南曲》]

很多古诗词里都有我的身影。

我来造字

我们这个家族的汉字，主要和占卜有关。

我通常待在我朋友的右边或者头上，有时候也跑到其他位置。

因为我是以"卜"字的身份做偏旁，所以大家都叫我"卜字旁"。

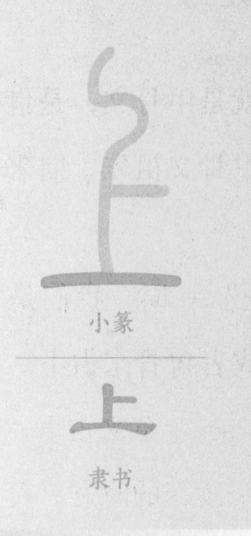

上 小篆 上 隶书	我遇到"一"字, 就变成了"上"字。 大河上下,顿失滔滔。
卡 小篆 卡 隶书	"上"字再遇到我弟弟, 就变成了"卡"字。 卡(kǎ)车卡(qiǎ)在了小巷里。
占 小篆 占 隶书	遇到"口"字, 就变成了"占"字。 术士占(zhān)梦占(zhān)星。诗人口占(zhān)一绝。强盗占(zhàn)山为王。小人占(zhàn)我便宜。

小篆

卢

隶书

遇到"尸"字,
就变成了"卢"字。

卢沟桥横跨永定河。
"卢"是"盧"的简化字。

小篆

卦

隶书

遇到"圭(guī)"字,
就变成了"卦(guà)"字。

摆下八卦阵,捉拿飞来将。

小篆

卤

隶书

遇到"口"字和一撇一点,
就变成了"卤(lǔ)"字。

卤水点豆腐,一物降一物。
"卤"是"鹵"的简化字。

选自赵孟頫书《仇锷墓碑铭》

之壹遂卜大都
宛平县西山下
莊之原藏焉零
以四月辛酉其
域距祖茔五里

名帖赏析

《仇（qiú）锷墓碑铭》，又名《仇府君墓碑铭》，由元朝著名画家、书法家赵孟頫（fǔ）为文、书丹并篆额。赵孟頫为"楷书四大家"（欧阳询、颜真卿、柳公权、赵孟頫）之一。其书法"肉不没骨，筋不外透，虽姿媚溢发，而波澜老成"，充满秀润之美，世称"赵体"。

占字旁

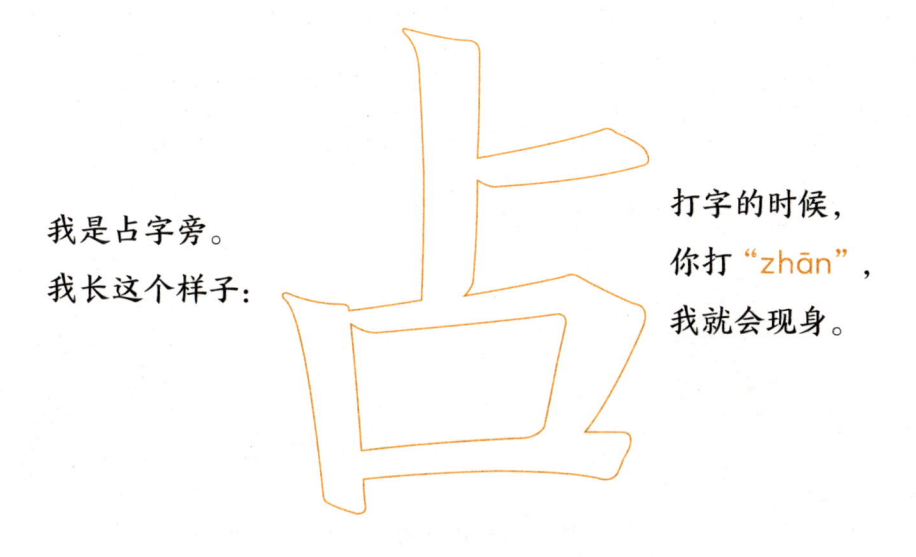

我是占字旁。
我长这个样子：

打字的时候，
你打"zhān"，
我就会现身。

我的祖先很酷。它们长这个样子：

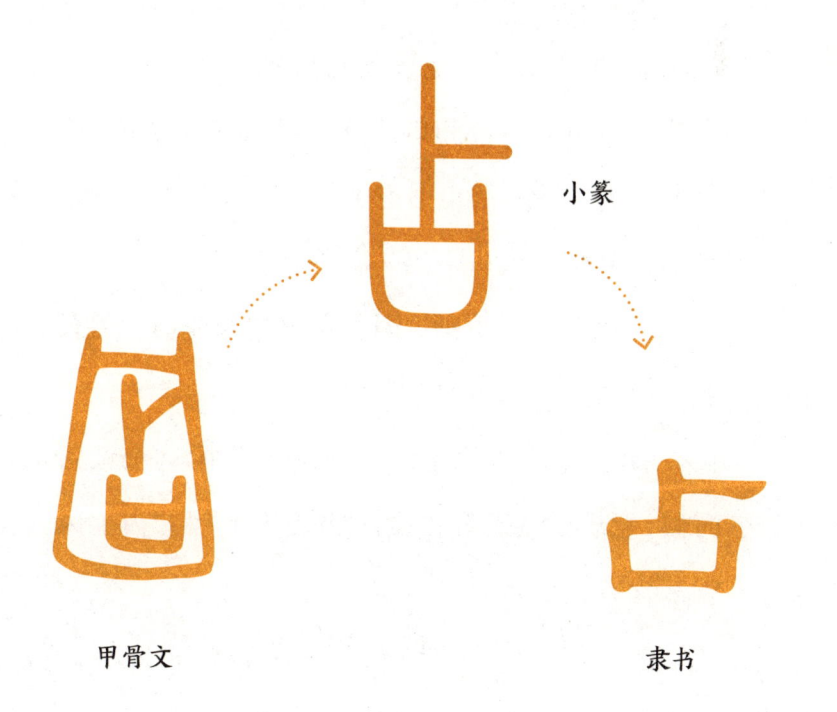

小篆

甲骨文

隶书

你看我的甲骨文祖先,像不像古代占卜所用,带有兆纹的甲骨?里面那个"口"字,是不是表示解说兆象的吉凶?

后来,是不是省去甲骨主体,慢慢演变成了一竖一横和另外一竖、一个横折、一横?

我的故事

我呀,其实就是那个"占(zhān)"字,最初的意思是问卜,也就是观察兆象,预测吉凶。

占卜师占卜时,会直接用口说出兆象的吉凶,而不是照本宣科,把事先写好的文稿读一遍。我由此又引申为口授和口述等意思。"口占书吏",是向书吏口授其辞,书吏用笔记录。"口占一绝",是不打草稿,随口吟出一首绝句。

古代有些占卜师,因所从事的职业而得姓氏,成为后来占姓的主要来源之一。

我还有一个读音为"zhàn"。读这个读音的时候,意思是占有和占据。"占山为王"和"占上风",就都含有这层意思。

人人都喜欢"占之曰吉",不喜欢"占之不吉"。

我虽然喜欢"占梦"和"占星",但是很讲操守,从不"占别人便宜"。

"风光先占得,桃李莫相轻。"(出自唐·张谓《官舍早梅》)

"雨后双禽来占竹,秋深一蝶下寻花。"(出自宋·文同《北斋雨后》)

很多古诗词里都有我的身影。

我来造字

我们这个家族的汉字,主要和占卜有关。

我通常待在我朋友的右边,有时候也跑到其他位置。

因为我是以"占"字的身份做偏旁,所以大家都叫我"占字旁"。

小篆

隶书

我遇到提手旁(扌),
就变成了"拈(niān)"字。

拈花微笑。

小篆

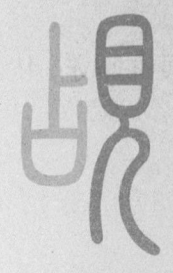

覘

隶书

遇到"见"字，
就变成了"覘（chān）"字。

覘视即窥（kuī）视。

小篆

乩

隶书

遇到竖弯钩（乚），
就变成了"乩（jī）"字。

扶乩占卜，摆沙盘，请乩仙，示乩语。扶乩是古代的一种迷信活动。
"乩"原本是"卟"的异体字，现在以"乩"为正体字。

小篆

帖

隶书

遇到"巾"字，
就变成了"帖"字。

发请帖（tiě），买字帖（tiè），俯首帖（tiē）耳，一字三音。

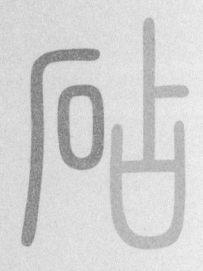

小篆

砧
隶书

遇到"石"字,
就变成了"砧（zhēn）"字。

铁锤打铁,铁打铁砧。杏树枝嫁接在桃树上,桃树就是砧木。

小篆

鲇
隶书

遇到"鱼"字,
就变成了"鲇（nián）"字。

鲇鱼无鳞（lín）,头扁嘴阔,胡子长长,爱吃鱼虾。

小篆

点
隶书

遇到四点水（灬）,
就变成了"点"字。

七八个星天外,两三点雨山前。
八九点到家,一点儿也不耽误。
"点"是"點"的简化字。

言字旁

我是言字旁。
我长这个样子：

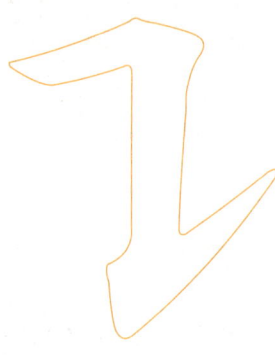

打字的时候，
你打 "yán"，
我就会现身。

我的祖先很酷。它们长这个样子：

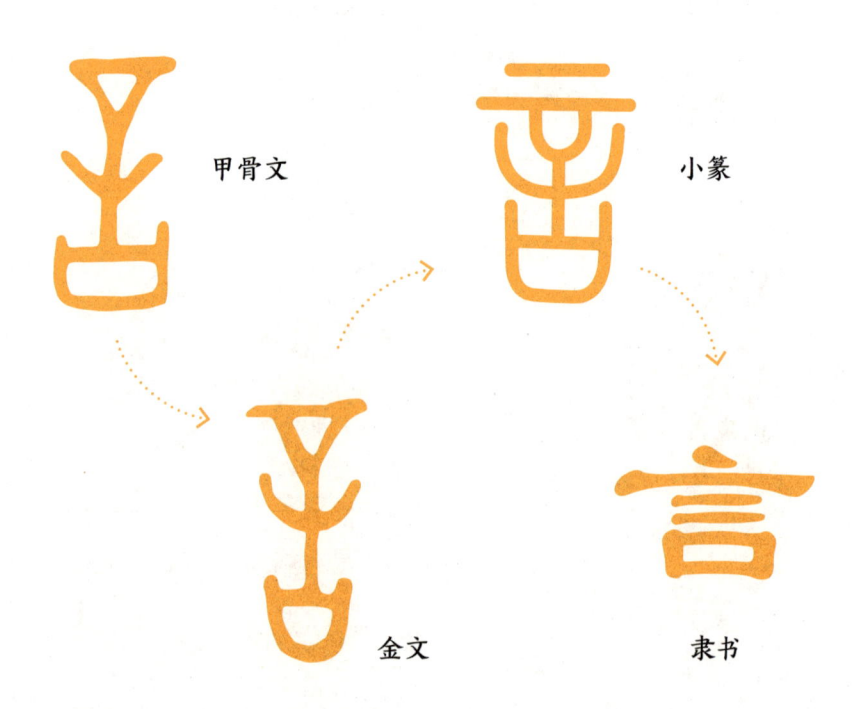

甲骨文

小篆

金文

隶书

你看我的甲骨文祖先,是不是由一个"口"字、一个指示箭头、一个舌头和一横组成?"口"字、指示箭头和舌头组合在一起,是不是表示口中之舌?舌头上那一横,是不是表示对口舌配合说话功能的突出和强调?到了小篆祖先那儿,是不是误将指示箭头、舌头和舌头上那一横当成了一个刑刀的组合体,从而误写成了"辛"字?

后来,是不是慢慢演变成了一点三横和一个"口"字?

到了我这一辈,是不是最终演变成了一点和一个横折提?

我的故事

我呀,其实就是那个"言"字,是它分化出来的写法,最初的意思是说话。

我和"舌"字关系密切。我的甲骨文祖先,是在它的甲骨文祖先头上增加一横而成。没有它,人类就说不出话来,也就不会有我。

我既然是"言"字的变体,自然也和"言"字同族,很了解我们这个家族的特性。

古有"直言曰言,论难(nàn)曰语"之分。直接述说为"言",议论责难为"语"。《礼记》里说:"三年之丧,言而不语,对而不问。"这句话的意思是说,为父母守丧的三年期间,可以照常说话，但是不能同别人议论辩驳；可以回答别人提出的问题，但是不能主动提出问题。

除了说话，"言"字还引申出另外一些意思。

"名言"和"一言为定"里的"言"字，意思是话语。

"五言诗""七言绝句""万言书"里的"言"字，意思是汉字。

我们是人们心声的反映，喜欢"知无不言，言无不尽"。有时候"洋洋万言"，有时候"不言而喻"。

"谁言寸草心，报得三春晖（huī）。"（出自唐·孟郊《游子吟》）

"造物无言却有情，每于寒尽觉春生。"（出自清·张维屏《新雷》）

这些古诗词里的"言"字，让我感到非常亲切，同时跟着沾染了一番诗意。

我来造字

我们这个家族的汉字，主要和说话有关。

我通常待在我朋友的左边，有时候也跑到其他位置。

因为我等同于"言"字，实际上是以"言"字的身份做偏旁，所以大家都叫我**"言字旁"**。

小篆

说

隶书

我遇到"兑（duì）"字，
就变成了"说"字。

大胆说出自己的想法，积极表达自己的看法。

小篆

论

隶书

遇到"仑"字，
就变成了"论"字。

我们学会了辩论。
"论"是"論"的简化字。

小篆

读

隶书

遇到"卖"字，
就变成了"读"字。

我们喜欢上了读书。
"读"是"讀"的简化字。

小篆

识
隶书

遇到"只"字,
就变成了"识"字。

我们认识好多的汉字。
"识"是"識"的简化字。

小篆

诗
隶书

遇到"寺"字,
就变成了"诗"字。

我们开始诵读诗词,学习谚(yàn)语和猜谜语。

小篆

谢
隶书

遇到"射"字,
就变成了"谢"字。

谢谢老师在课堂上教我们识字,教给我们做人的道理。

曰字旁

我是曰字旁。
我长这个样子:

打字的时候,
你打"yuē",
我就会现身。

我的祖先很酷。它们长这个样子:

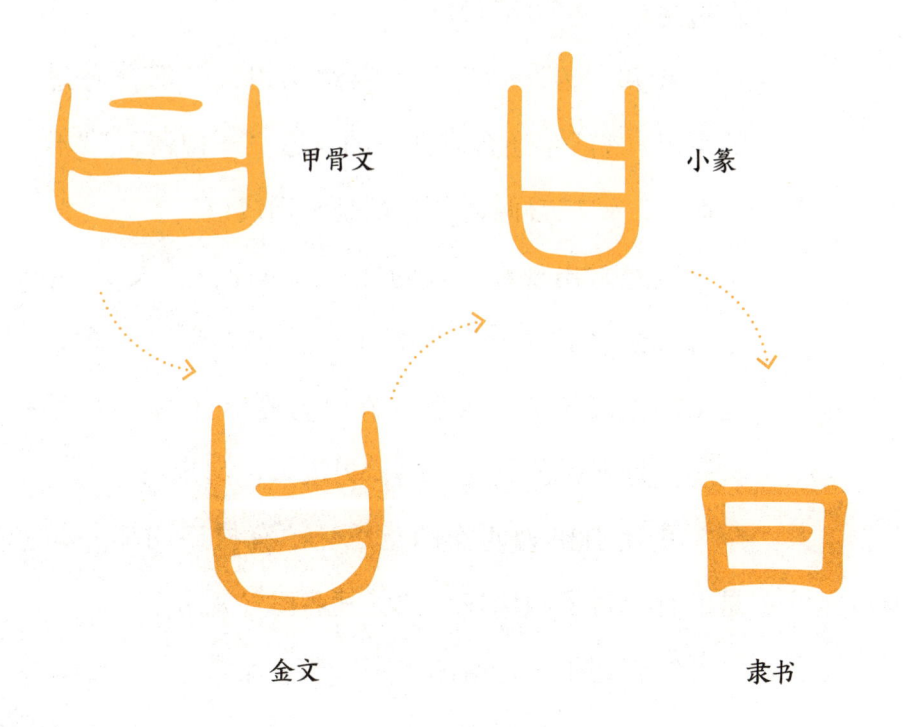

甲骨文

小篆

金文

隶书

你看我的甲骨文祖先，像不像嘴巴里面加一横？那一横是不是含有"指事"的意味，用来表示话从口出？

后来，是不是慢慢演变成了一竖、一个横折和两横？

我的故事

我呀，其实就是那个"曰"字，最初的意思是说。

我和"日"字形状相似，都是由一竖、一个横折和两横组成。它长得又高又瘦。我长得又矮又胖。它中间那一横，两边封口。我中间那一横，左边封口，右边不封口。

我和"云""言"二字意思相近，都含有说的意思。"言"字还含有话语的意思。"子曰诗云""不言而喻""三言两语"，都是常用成语。

我经常出现在古代的文言文里面。"人曰"，是有人说。"曾子曰"，是曾子说。"国人皆曰可杀"，是全国人民都说他该杀。"女曰鸡鸣，士曰昧（mèi）旦"，是女说公鸡已打鸣，男说天色尚未明。

我还引申为叫作的意思。"有村曰谢庄"，是说有个村子叫谢庄。"美其名曰'龙舌兰'"，是说给它起了个好听的名字，叫"龙舌兰"。

我偶尔也被借用为语气助词，加在句首或者句中，用来调谐（xié）音节。

我的本职工作就是"曰"，不"曰"就憋得难受。

我喜欢模仿《曹刿论战》里的曹刿（guì）曰："肉食者鄙，未能远谋。"

我喜欢模仿《论语》里的孔子曰："逝者如斯夫，不舍昼夜。"

我还喜欢模仿《史记》里的陈胜曰："王侯将相，宁（nìng）有种乎？"

"我东曰归，我心西悲。"（出自先秦·佚名《诗经·豳风·东山》）

"曰归曰归愁岁暮，其雨其雨怨朝阳。"（出自明·黄峨《寄夫》）

很多古诗词里都有我的身影。

我来造字

我们这个家族的汉字，主要和说话有关。

我通常待在我朋友的脚下，有时候也跑到其他位置。

因为我是以"曰"字的身份做偏旁，所以大家都叫我"曰字旁"。

小篆

沓
隶书

我遇到"水"字,
就变成了"沓"字。

信纸写了一沓（dá）。话多如流水,丝毫不拖沓（tà）。

小篆

汩
隶书

遇到三点水（氵）,
就变成了"汩（gǔ）"字。

泉水汩汩而出。"汩汩"是象声词,用来形容水流动的声音。

小篆

曹
隶书

遇到两横两竖和"口"字,
就变成了"曹"字。

狱之两曹,古代指诉讼（sòng）的两方,也就是原告和被告。

欠字旁

欠

我是欠字旁。
我长这个样子：

打字的时候，
你打"qiàn"，
我就会现身。

我的祖先很酷。它们长这个样子：

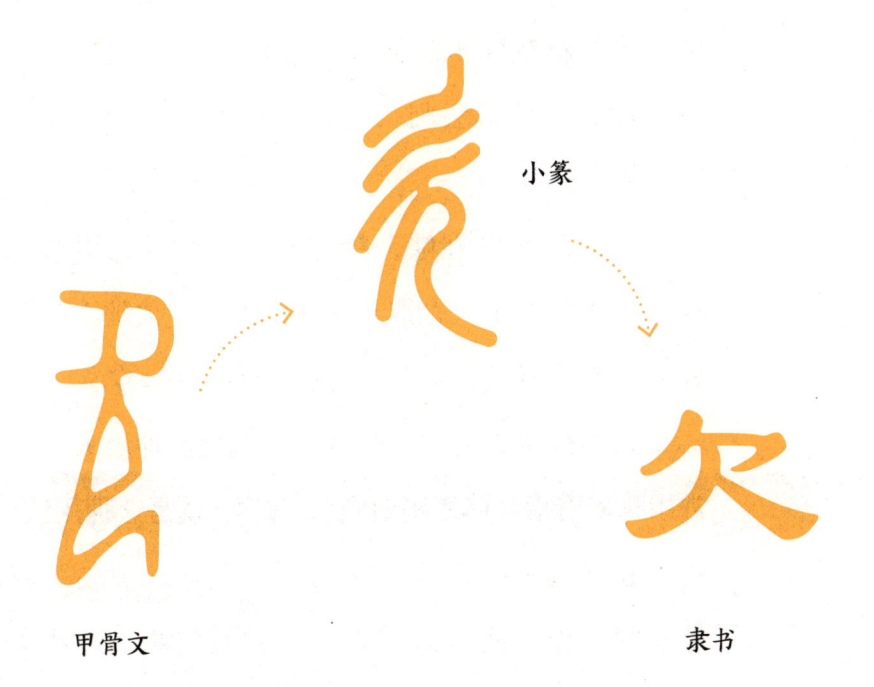

小篆

甲骨文　　　　　　　　隶书

你看我的甲骨文祖先,像不像人困倦时,仰头张嘴打呵欠的形状?小篆祖先是不是演变成了人体上方有气体冒出的形状?

后来,是不是演变成了一撇、一个横钩和一个"人"字?

我的故事

我呀,其实就是那个"欠"字,最初的意思是打呵欠。

我的显著特征是"气从人上出"。人类困倦的时候,我就在他们身上显现出来。他们开始张大嘴巴,深深吸气,随后呼出。这其实是一种条件反射和自我保护。如果我频频(pín)到一个人身上做客,他就会呵欠连天。这说明他太累了,需要休息。

因为我志倦神缺,精神不足,所以又引申为缺少和钱物未还、恩情未报等意思。"欠缺""欠钱""欠人情",就分别含有上述意思。

人类打呵欠的时候,身体会微微前伸。人们经常用我来借指身体稍稍前倾。"欠身"就是这种用法。

我作为一个汉字,不得不"欠"。"欠"就是我的工作。我常常陷入"有酒偏欠花,有花恨无客"的尴（gān）尬（gà）境地。虽然如此，我还是提醒大家：能不欠，就不欠，最好谁也别欠！

"江湖岂在远，所欠雨一蓑（suō）。"（出自宋·陈与义《夏至日与太学同舍会葆真二首》）

"只欠樱唇清唱，怕行云南北。"（出自宋·洪适《好事近》）

很多古诗词里都有我的身影。

我来造字

我们这个家族的汉字，主要和张嘴有关，和神色有关。

我通常待在我朋友的右边，有时候也跑到其他位置。

因为我是以"欠"字的身份做偏旁，所以大家都叫我"欠字旁"。

小篆

吹

隶书

我遇到"口"字，
就变成了"吹"字。

不费吹灰之力，静观风吹草动。

小篆

歃

隶书

遇到"臿（chā）"字，就变成了"歃（shà）"字。

石门有贪泉，一歃怀千金。"歃"的意思是饮。

小篆

次

隶书

遇到两点水（冫），就变成了"次"字。

旅次是旅途中暂（zàn）时停留或者小住的地方，也指旅途中暂作停留。停过一次，你的气息就会留在那里。

小篆

欢
隶书

遇到"又"字,
就变成了"欢"字。

人间有味是清欢。
"欢"是"歡"的简化字。

小篆

芡
隶书

遇到草字头（艹），
就变成了"芡（qiàn）"字。

芡的果实像鸡头，里面的种子叫
"芡实"，也叫"鸡头米"。

旡字旁

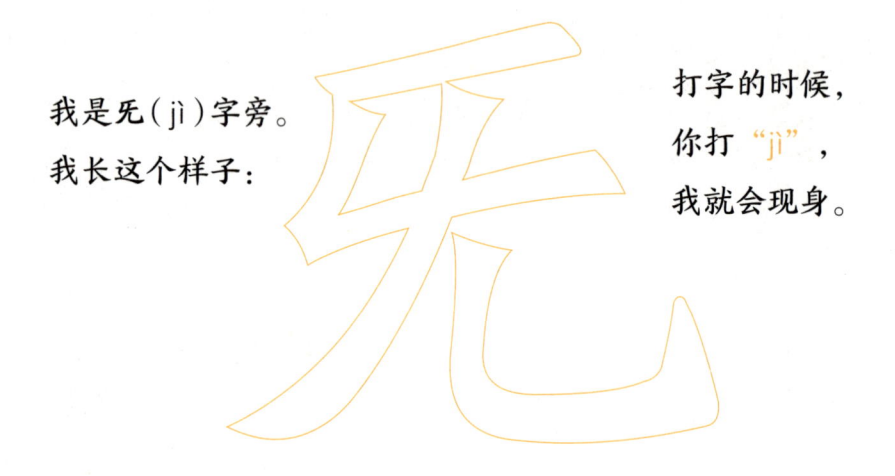

我是旡(jì)字旁。
我长这个样子:

打字的时候,
你打"jì",
我就会现身。

我的祖先很酷。它们长这个样子:

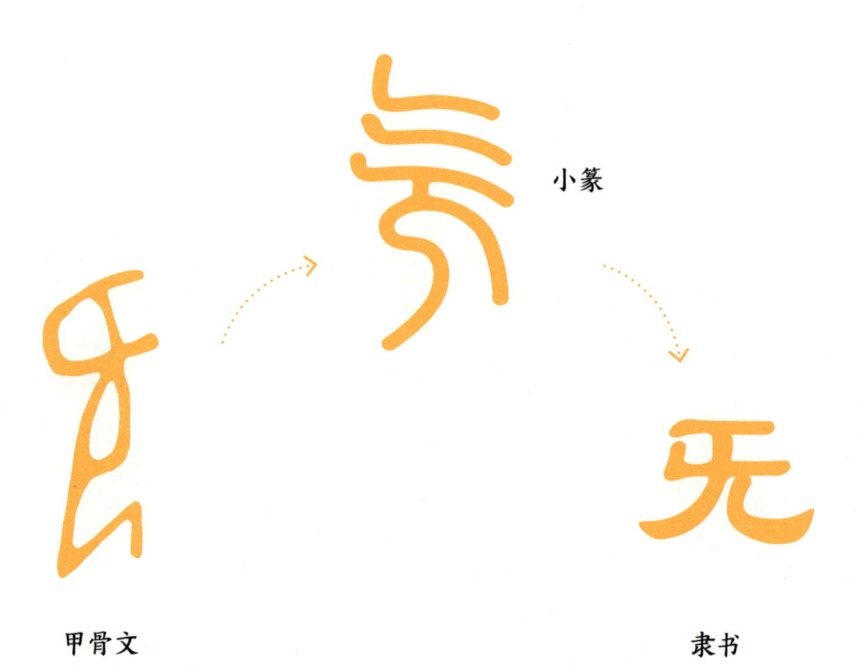

小篆

甲骨文

隶书

你看我的甲骨文祖先,像不像一个人吃饱了,扭头打嗝(gé)的形状?小篆祖先是不是演变成了人体上方有气体冒出的形状?

后来,是不是慢慢演变成了一横、一个撇折、一撇和一个竖弯钩?

我的故事

我呀,其实就是那个"无"字,最初的意思是打嗝。

我和"欠"字是好朋友。

我们的甲骨文祖先长得很像。它们头上都有个"口"字。"口"字的开口方向正好相反。

我们的小篆祖先互为反写。它们一个脸朝左,一个脸朝右,头上都有气体冒出。

我们虽然都是张口出气,但是出气的原因和过程不同。

我是打饱嗝。饱食后胃里的气体向外反逆,发出呃(è)逆之声,进行自我调节。

它是打呵欠。困倦后先张口吸气,接着缓缓

呼出，促进自己清醒。

也有人说，我和"欠"字最初可能是同一个字。很多古文字的正写和反写，只是笔画方向相反而已，早期在意义指向上并无明显的区别。随着表情达意的需要，后来才渐渐有了分化。

还有人说，我可能是"既（jì）"字最早的写法，最初的意思是食毕，是饱食后扭头打嗝，引申为完尽和已经等意思。

"深知境未穷，正欠惊人语。"［出自宋·赵汝湜（shí）《题洞霄》］

"既能明似镜，何用曲如钩？"（出自唐·骆宾王《玩初月》）

这些古诗词里的"欠"字和"既"字，让我感到非常亲切，同时跟着沾染了一番诗意。

我来造字

我们这个家族的汉字，主要和饱食有关，和气体有关。

我通常待在我朋友的头上，有时候也跑到其他位置。

因为我是以"旡"字的身份做偏旁，所以大家都叫我"旡字旁"。

小篆

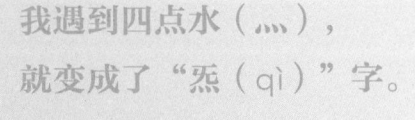

炁
隶书

我遇到四点水（灬），
就变成了"炁（qì）"字。

"炁"为元气，一炁生万物。
"炁"字多用于道家典籍。

小篆

㤅
隶书

遇到"心"字，
就变成了"㤅（ài）"字

"㤅"是"爱（ài）"字最初的写法。"㤅"字底下增加一个"夊（suī）"字，慢慢演变成了"愛"字，"愛"字后来又简化为"爱"。"夊"是有所拖曳（yè）的两条腿，表示心有所系而行。

小篆

既
隶书

遇到"即"字，吃掉单耳旁，
就变成了"既"字。

既见君子，云胡不喜？

示字旁

我是示字旁。
我长这个样子：

打字的时候，
你打"shi"，
我就会现身。

我的祖先很酷。它们长这个样子：

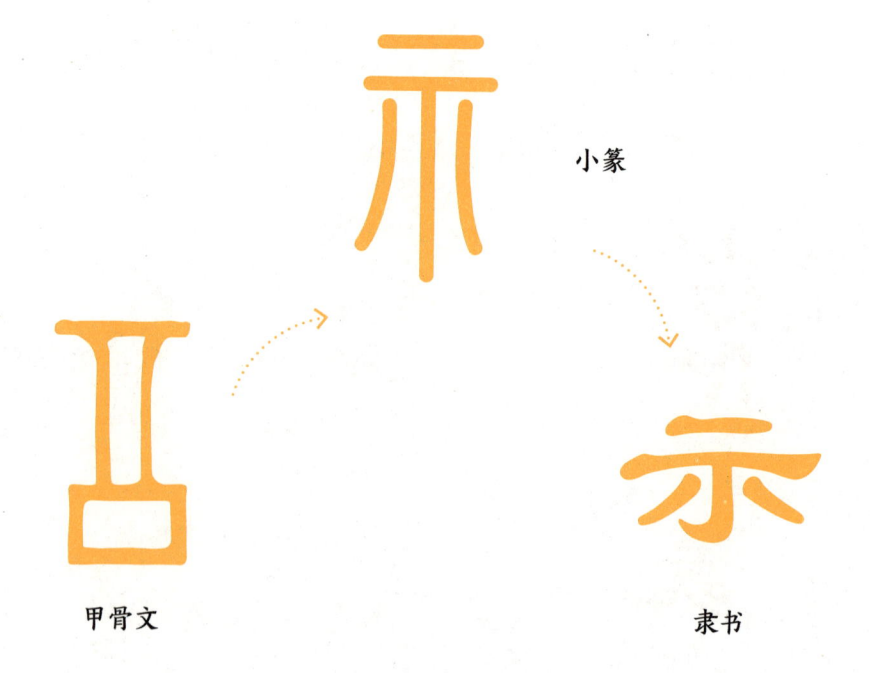

小篆

甲骨文　　　　　　　　　　　隶书

你看我的甲骨文祖先，像不像古代用来祭祀（sì）天神、地祇（qí）和人鬼的牌位？上边那一横两竖，是不是代表用来书写天神、地祇和人鬼名讳（huì）的木板？下面那个方框，是不是代表底座？

后来，是不是慢慢演变成了两横、一个竖钩和一撇一点？

到了我这一辈，是不是最终演变成了一点、一个横撇和一竖一点？

我的故事

我呀，其实就是那个"示"字，是它分化出来的写法，最初的意思是用来祭祀天神、地祇和人鬼的牌位，也就是神主。

我既然是"示"字的变体，自然也属于示族，很了解自己这个家族的特性。

古时候，祭祀的对象分为三类：天神、地祇和人鬼。

人鬼指的是人类的祖先或者其他逝者。古人讲究"慎终追远"。亲人去世后，通常要立牌位，也就是立神主。所立神主相当于逝者再现，代表逝者接受生者祭拜，使生者的思念有所寄托。同时，也祈（qí）求神主降福，希望得到神主的佑（yòu）护，让生活过得越来越好。

古人认为神主上通天意，能够垂示吉凶祸福。我因而又引申为显示、展示、表示和告示等意思。

作为一个汉字，我们的形象并非一成不变，而是逐渐演变。我的小篆祖先甚至变得看不出神主的模样了。东汉时期的许慎先生对它进行了新的解读："天垂象，见（xiàn）吉凶，所以示人也。""从二。三垂，日月星也。"

按照他的说法，我的小篆祖先身上那两横为"二"，是"上"字的甲骨文写法，代表的是上天。下边那一竖和两侧那个"八"字形的笔画，为"三垂"，代表的是上天所垂示的日、月、星三种天象。上天经常通过天象的变化，向人们昭（zhāo）示时世的变化。

我觉得，小篆祖先身上那一竖，和那个"八"字形的笔画组合在一起，代表的并非日、月、星三种天象，而是上天扩散而下的垂示，相当于单独一竖的加强版，更能体现出天降征兆的特性。

我的本职工作就是"示"，不"示"就憋得难受。

我喜欢"明示"，也喜欢"暗示"；喜欢"示威"，也喜欢"示弱"。

我时时都在"示意"，刻刻都在"示范"，天天都在"示众"。

"今日把示君，谁有不平事？"（出自唐·贾岛《剑客》）

"不私其有以示人，意与朋类同甘美。"（出自宋·陈普《太极诗上范天碧侍郎》）

这些古诗词里的"示"字，让我感到非常亲切，同时跟着沾染了一番诗意。

我来造字

我们这个家族的汉字，主要和祭祀（sì）有关，和鬼神有关。

我总是待在我朋友的左边。

因为我等同于"示"字，实际上是以"示"字的身份做偏旁，所以大家都叫我"**示字旁**"。

禅

小篆

禅

隶书

我遇到"单"字，就变成了"禅"字。

祭天为封，祭地为禅（shàn）。封禅是帝王祭祀天地的大典。禅让是帝王将帝位让给别人。受禅是接受帝王所让的帝位。禅（chán）是佛教用语，意思是排除杂念，静坐修行。禅师是对和尚的尊称。参禅是参悟禅理。"禅"是"禪"的简化字。

小篆

祊

隶书

遇到"方"字，
就变成了"祊（bēng）"字。

祊是古代在宗庙门内举行的祭祀，同时也用来借指宗庙门内设祭之处。祊邑是春秋时期郑国国君祭祀泰山时的汤沐邑，可于此处住宿歇息和沐浴斋（zhāi）戒。祊河因流经祊邑而得名。

小篆

禄

隶书

遇到"录"字，
就变成了"禄（lù）"字。

福禄是福气和俸（fèng）禄。俸禄是古代官吏的薪（xīn）水。

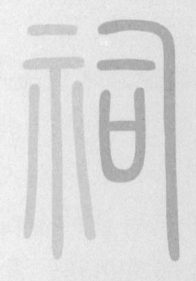

小篆

祠

隶书

遇到"司"字，
就变成了"祠（cí）"字。

"祠"字最初的意思是春祭，用来泛指祭祀，借指祠堂。祠堂是祭祀祖先的宗庙或者祭祀先贤的庙宇。"丞相祠堂何处寻？锦官城外柏森森。"武侯祠指的是蜀汉丞相、武侯诸葛亮的祠堂，位于四川省成都市。

戈字旁

我是戈字旁。
我长这个样子：

打字的时候，
你打 "jiān"，
我就会现身。

我的祖先很酷。它们长这个样子：

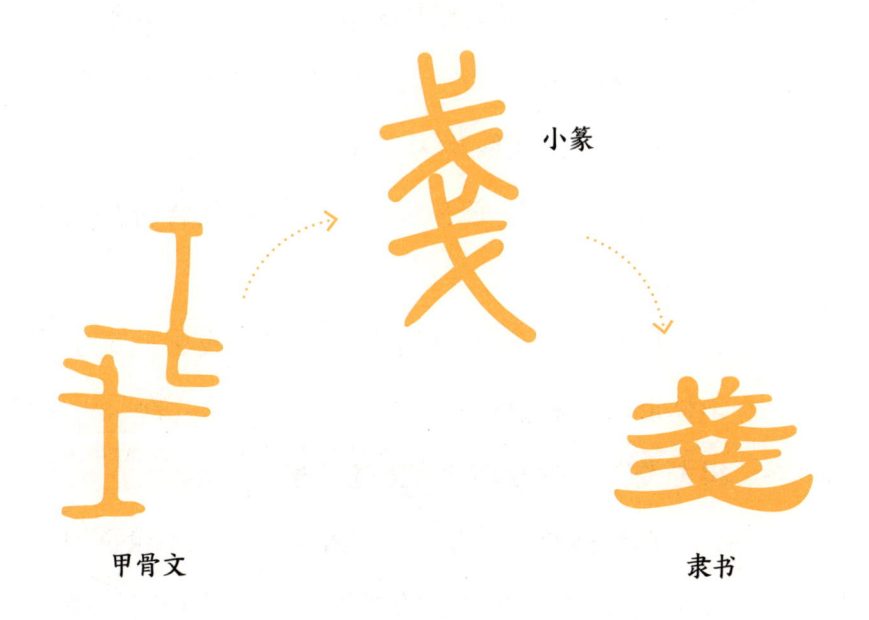

小篆

甲骨文

隶书

你看我的甲骨文祖先，像不像一正一倒两戈相对？小篆祖先和隶书祖先，是不是都演变成了一上一下两个"戈"字？

到了我这一辈，是不是最终演变成了两横、一个斜钩和一撇一点？

我的故事

我呀，其实就是那个"戈"字，是"戋（jiān）"的简化写法，最初的意思是残杀。

最早的时候，我的读音为"cán"。后来，才慢慢演变成了"jiān"。

当"戋"字主要用来做偏旁以后，人们另造一个"殘（cán）"字，代替它来表达残杀这层意思。"殘"字后来又简化为"残"。

因为残杀后必有残余，所以我还含有残余的意思。

既然是残余，自然不会很多。我由此又引申出体形微小和数量不多等意思。"戋戋微物"和"所得戋戋"，就分别含有上述意思。

体形微小和数量不多的事物，自然不会深厚。我由此又引申为浅薄的意思。"戋戋巧言"就含有这层意思。它是个贬义词，专指那些浅薄而乖巧的话语。

虽然体形微小，数量不多，但是可以积小成大，积少成多。大和多都是由我们累积而成。我由此又引申出堆积和繁茂等意思，用来形容由小物积聚而成的物品。"束帛（bó）戋戋"和"其叶青戋戋"，就分别含有上述意思。

束帛是捆成一束的五匹帛。很多束帛堆积层叠在一起，很有气势。

竹叶也是叶色青翠欲滴，满眼一大片。它们都是以小成大，都能大中见小。

"灼灼（zhuó）百朵红，戋戋五束素。"（出自唐·白居易《秦中吟十首·买花》）

"谁念芳径小，新绿戋戋，问讯今何许？"（出自宋·黄公绍《喜迁莺·荼蘼》）

很多古诗词里都有我的身影。

我来造字

我们这个家族的汉字，主要和残杀有关，和微小以及浅薄有关。

我通常待在我朋友的右边，有时候也跑到其他位置。

因为我是以"戋"字的身份做偏旁，所以大家都叫我"戋字旁"。

小篆

残

隶书

我遇到"歹"字,
就变成了"残"字。

两个残兵,在下残局。
"残"是"殘"的简化字。

小篆

浅

隶书

遇到三点水（氵）,
就变成了"浅"字。

小马过河,不知深浅。

小篆

贱

隶书

遇到"贝"字,
就变成了"贱"字。

职业不分贵贱。

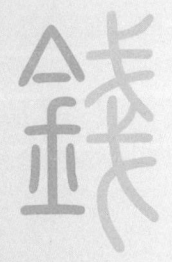

小篆

钱
隶书

遇到金字旁（钅），
就变成了"钱"字。

金钱豹、榆钱树和钱塘江，都没闲钱借给你。

小篆

笺
隶书

遇到竹字头（⺮），
就变成了"笺（jiān）"字。

笺最初是指长条形的小竹片，后来指小幅的纸张。便笺用起来很方便。唐朝女诗人薛涛发明的彩笺，叫"浣（huàn）花笺"，有十种颜色，专门用来写诗。

小篆

饯
隶书

遇到食字旁（饣），
就变成了"饯（jiàn）"字。

饯行是临别前设宴（yàn），以酒食送行。蜜饯是用糖浆浸煮或者再加以烘干而制成的果品。

生字旁

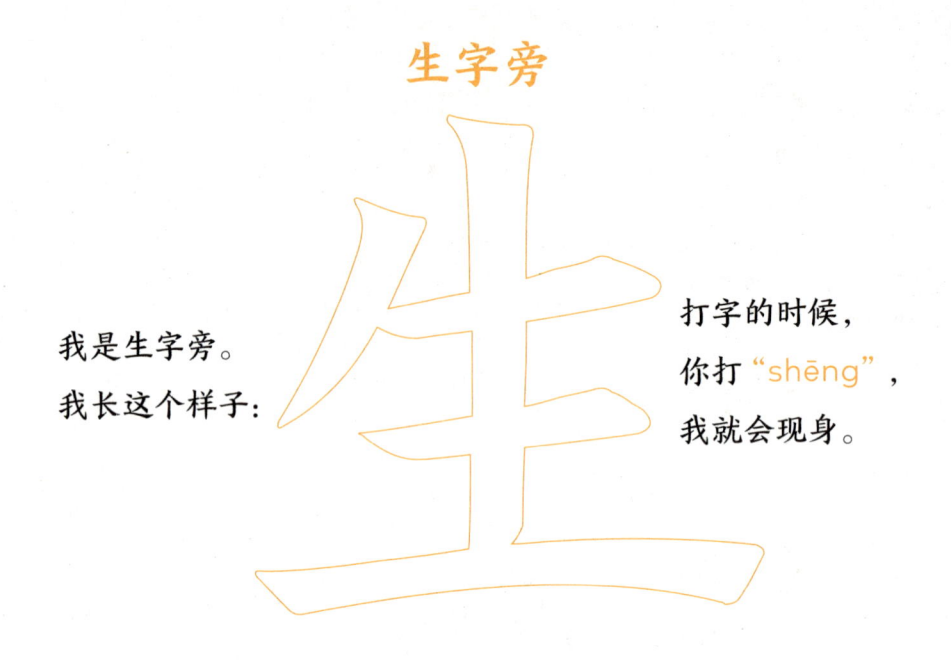

我是生字旁。
我长这个样子：

打字的时候，
你打 "shēng"，
我就会现身。

我的祖先很酷。它们长这个样子：

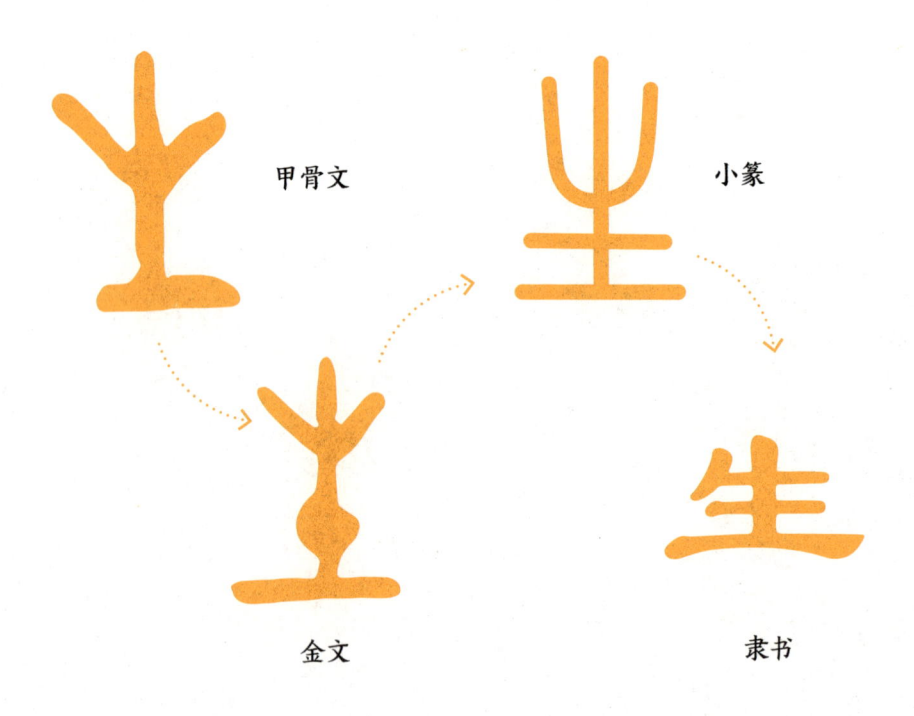

甲骨文

小篆

金文

隶书

你看我的甲骨文祖先，像不像小草从地里长出来的样子？上面那一竖两杈，是不是代表小草？下面那一横，是不是代表土地？金文祖先的身上，是不是还增加了一点？这一点是不是对小草本身的突出和强调？

后来，是不是慢慢演变成了一撇两横和一竖一横？

我的故事

我呀，其实就是那个"生"字，最初的意思是草木破土而出，引申为长出、出生和生长等意思。

我和"死"字相对。人们习惯把我们两个看成是死对头，认为"非生即死，非死即生"。其实，也不是这么绝对。我认为是"生中有死，死中有生"。一只蝴蝶破茧（jiǎn）而出，新生的同时，也开始走向死亡。它产下蝶卵后，生命会通过蝶卵得到延续。死后还会融入泥土，开始另一种形态的新生。

我和"熟"字也相对。饭不熟，是"夹生饭"。瓜不熟，是"生瓜"。人不熟，是"生人"。字不熟，是"生字"。

《诗经·鹿鸣之什·常棣》里说："虽有兄弟，

不如友生。"有人认为，我在这句话里是语气助词，没有实义。我倒觉得我是实词。"不如友生"，就是不如朋友和生人的意思。当朋友和生人来理解，正好和兄弟相对。

我还是中国戏曲里"生旦净末丑"五大行当之一，主要包括老生、小生和武生等几种男性角色。

我的特点是"生生不息"，平时总想"滋生"点情绪，总想"发生"点什么，总想"产生"点影响。

"林花扫更落，径草踏还生。"（出自唐·孟浩然《春中喜王九相寻》）

"生年不满百，常怀千岁忧。"（出自汉·佚名《古诗十九首·生年不满百》）

很多古诗词里都有我的身影。

我来造字

我们这个家族的汉字，主要和生长有关，和出生有关。

我通常待在我朋友的右边，有时候也跑到其他位置。

因为我是以"**生**"字的身份做偏旁，所以大家都叫我"**生字旁**"。

小篆

性 隶书

我遇到竖心旁（忄），
就变成了"性"字。

雌雄有别，是为性别。

小篆

姓 隶书

遇到"女"字，
就变成了"姓"字。

老百姓，百家姓，母系氏族社会子随母姓。媒婆说："敢问姑娘，姓甚名谁，芳龄几何，可有婚配？"将军说："来将姓甚名谁，何方人氏，速速报上名来！"书生说："兄台诗文好生厉害，在下甚为钦佩（pèi），敢问高姓大名？"

小篆

胜

隶书

遇到"月"字,
就变成了"胜"字。

西王母蓬发戴胜,戴的是名为"玉胜"的头饰。戴胜鸟在草丛里走来走去,戴的是漂亮的羽冠。
"胜"是"勝"的简化字。

小篆

甡

隶书

遇到我弟弟,
就变成了"甡(shēn)"字。

甡为草木并生。甡甡是众多之貌,意思等同于"莘莘(shēn)"。《诗经·荡之什·桑柔》里说:"瞻(zhān)彼中林,甡甡其鹿。"看那林中,鹿儿众多!

小篆

笙

隶书

遇到竹字头(⺮),
就变成了"笙(shēng)"字。

我有嘉宾,鼓瑟(sè)吹笙。